Mon cahier
MENUS & BUDGET

52 semaines à remplir pour être TOP organisée !

LAROUSSE

Cahier

de ....

du .... au ....

Sommaire

Comment utiliser MON CAHIER

Étape 1

À chaque début de mois, je fais l'inventaire de mes placards pour renouveler mes stocks !

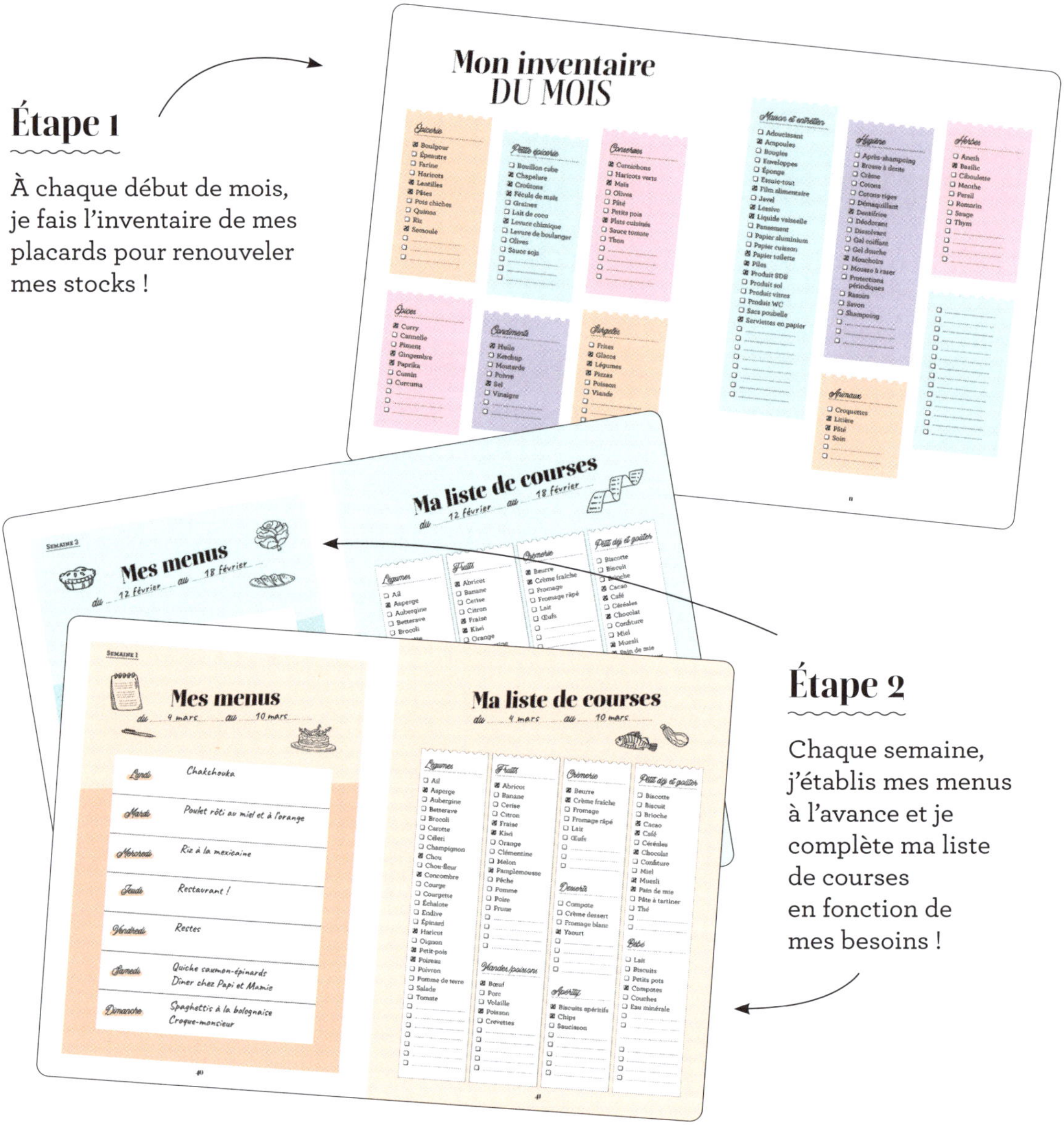

Étape 2

Chaque semaine, j'établis mes menus à l'avance et je complète ma liste de courses en fonction de mes besoins !

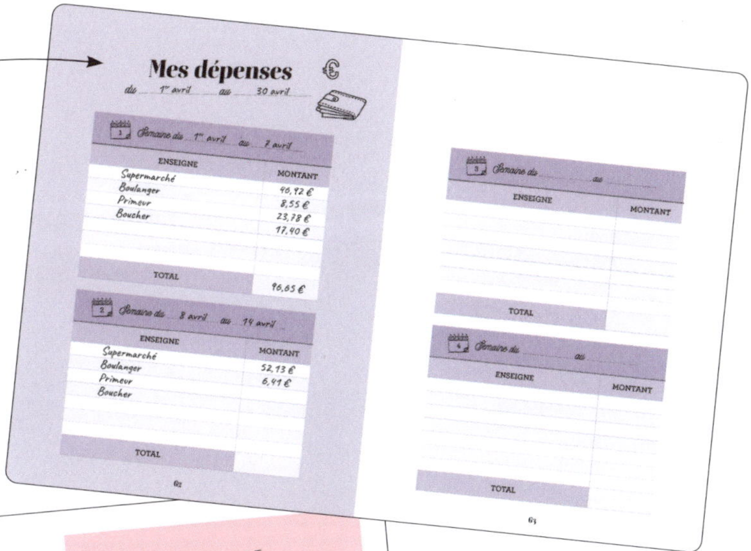

Étape 3

Chaque semaine, je reporte mes dépenses dans le tableau de suivi des dépenses pour ne jamais perdre le fil et toujours savoir où j'en suis !

Étape 4

Je reporte les totaux de mes dépenses hebdomadaires dans mon bilan mensuel pour faire le point sur mes dépenses et repartir du bon pied pour le mois suivant !

Étape bonus

Je vais piocher parmi 30 recettes ultra-simples pour compléter mes menus quand je suis en manque d'inspiration !

SEMAINES

du ....

au ....

BILAN mensuel

Budget alimentation	€
Budget hygiène	€
Budget entretien maison	€
Budget	€
Budget	€
Budget	€
Budget	€
BUDGET MENSUEL TOTAL :	€

Mon inventaire DU MOIS

Épicerie

- ❑ Boulgour
- ❑ Épeautre
- ❑ Farine
- ❑ Haricots
- ❑ Lentilles
- ❑ Pâtes
- ❑ Pois chiches
- ❑ Quinoa
- ❑ Riz
- ❑ Semoule
- ❑ ....
- ❑ ....
- ❑ ....

Petite épicerie

- ❑ Bouillon cube
- ❑ Chapelure
- ❑ Croûtons
- ❑ Fécule de maïs
- ❑ Graines
- ❑ Lait de coco
- ❑ Levure chimique
- ❑ Levure de boulanger
- ❑ Olives
- ❑ Sauce soja
- ❑ ....
- ❑ ....
- ❑ ....

Conserves

- ❑ Cornichons
- ❑ Haricots verts
- ❑ Maïs
- ❑ Olives
- ❑ Pâté
- ❑ Petits pois
- ❑ Plats cuisinés
- ❑ Sauce tomate
- ❑ Thon
- ❑ ....
- ❑ ....
- ❑ ....
- ❑ ....

Épices

- ❑ Curry
- ❑ Cannelle
- ❑ Piment
- ❑ Gingembre
- ❑ Paprika
- ❑ Cumin
- ❑ Curcuma
- ❑ ....
- ❑ ....
- ❑ ....

Condiments

- ❑ Huile
- ❑ Ketchup
- ❑ Moutarde
- ❑ Poivre
- ❑ Sel
- ❑ Vinaigre
- ❑ ....
- ❑ ....

Surgelés

- ❑ Frites
- ❑ Glaces
- ❑ Légumes
- ❑ Pizzas
- ❑ Poisson
- ❑ Viande
- ❑ ....
- ❑ ....
- ❑ ....
- ❑ ....

Maison et entretien

- ❑ Adoucissant
- ❑ Ampoules
- ❑ Bougies
- ❑ Enveloppes
- ❑ Éponge
- ❑ Essuie-tout
- ❑ Film alimentaire
- ❑ Javel
- ❑ Lessive
- ❑ Liquide vaisselle
- ❑ Pansement
- ❑ Papier aluminium
- ❑ Papier cuisson
- ❑ Papier toilette
- ❑ Piles
- ❑ Produit SDB
- ❑ Produit sol
- ❑ Produit vitres
- ❑ Produit WC
- ❑ Sacs poubelle
- ❑ Serviettes en papier
- ❑ ……………………
- ❑ ……………………
- ❑ ……………………
- ❑ ……………………
- ❑ ……………………
- ❑ ……………………
- ❑ ……………………
- ❑ ……………………

Hygiène

- ❑ Après-shampoing
- ❑ Brosse à dents
- ❑ Crème
- ❑ Cotons
- ❑ Cotons-tiges
- ❑ Démaquillant
- ❑ Dentifrice
- ❑ Déodorant
- ❑ Dissolvant
- ❑ Gel coiffant
- ❑ Gel douche
- ❑ Mouchoirs
- ❑ Mousse à raser
- ❑ Protections périodiques
- ❑ Rasoirs
- ❑ Savon
- ❑ Shampoing
- ❑ ……………………
- ❑ ……………………
- ❑ ……………………

Animaux

- ❑ Croquettes
- ❑ Litière
- ❑ Pâté
- ❑ Soin
- ❑ ……………………
- ❑ ……………………

Herbes

- ❑ Aneth
- ❑ Basilic
- ❑ Ciboulette
- ❑ Menthe
- ❑ Persil
- ❑ Romarin
- ❑ Sauge
- ❑ Thym
- ❑ ……………………
- ❑ ……………………
- ❑ ……………………
- ❑ ……………………

- ❑ ……………………
- ❑ ……………………
- ❑ ……………………
- ❑ ……………………
- ❑ ……………………
- ❑ ……………………
- ❑ ……………………
- ❑ ……………………
- ❑ ……………………
- ❑ ……………………
- ❑ ……………………
- ❑ ……………………
- ❑ ……………………
- ❑ ……………………

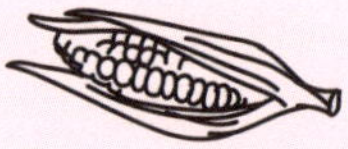

Mes menus

du .... au ....

Lundi	
Mardi	
Mercredi	
Jeudi	
Vendredi	
Samedi	
Dimanche	

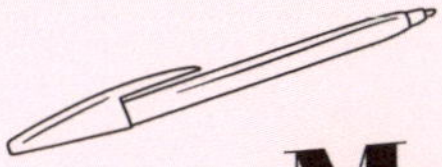

Ma liste de courses

du .... au ....

Légumes

- ❑ Ail
- ❑ Asperge
- ❑ Aubergine
- ❑ Betterave
- ❑ Brocoli
- ❑ Carotte
- ❑ Céleri
- ❑ Champignon
- ❑ Chou
- ❑ Chou-fleur
- ❑ Concombre
- ❑ Courge
- ❑ Courgette
- ❑ Échalote
- ❑ Endive
- ❑ Épinard
- ❑ Haricot
- ❑ Oignon
- ❑ Petit-pois
- ❑ Poireau
- ❑ Poivron
- ❑ Pomme de terre
- ❑ Salade
- ❑ Tomate
- ❑ ....
- ❑ ....
- ❑ ....
- ❑ ....
- ❑ ....
- ❑ ....
- ❑ ....

Fruits

- ❑ Abricot
- ❑ Banane
- ❑ Cerise
- ❑ Citron
- ❑ Fraise
- ❑ Kiwi
- ❑ Orange
- ❑ Clémentine
- ❑ Melon
- ❑ Pamplemousse
- ❑ Pêche
- ❑ Pomme
- ❑ Poire
- ❑ Prune
- ❑ ....
- ❑ ....
- ❑ ....
- ❑ ....

Viandes/poissons

- ❑ Bœuf
- ❑ Porc
- ❑ Volaille
- ❑ Poisson
- ❑ Crevettes
- ❑ ....
- ❑ ....
- ❑ ....
- ❑ ....
- ❑ ....

Crèmerie

- ❑ Beurre
- ❑ Crème fraîche
- ❑ Fromage
- ❑ Fromage râpé
- ❑ Lait
- ❑ Œufs
- ❑ ....
- ❑ ....
- ❑ ....

Desserts

- ❑ Compote
- ❑ Crème dessert
- ❑ Fromage blanc
- ❑ Yaourt
- ❑ ....
- ❑ ....
- ❑ ....
- ❑ ....

Apéritif

- ❑ Biscuits apéritifs
- ❑ Chips
- ❑ Saucisson
- ❑ ....
- ❑ ....
- ❑ ....
- ❑ ....
- ❑ ....

Petit déj et goûter

- ❑ Biscotte
- ❑ Biscuit
- ❑ Brioche
- ❑ Cacao
- ❑ Café
- ❑ Céréales
- ❑ Chocolat
- ❑ Confiture
- ❑ Miel
- ❑ Muesli
- ❑ Pain de mie
- ❑ Pâte à tartiner
- ❑ Thé
- ❑ ....
- ❑ ....

Bébé

- ❑ Lait
- ❑ Biscuits
- ❑ Petits pots
- ❑ Compotes
- ❑ Couches
- ❑ Eau minérale
- ❑ ....
- ❑ ....

- ❑ ....
- ❑ ....
- ❑ ....
- ❑ ....

Mes menus

du .... au ....

Lundi	
Mardi	
Mercredi	
Jeudi	
Vendredi	
Samedi	
Dimanche	

Ma liste de courses

du .... *au* ....

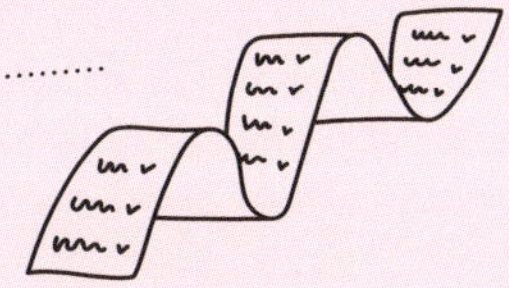

Légumes

❑ Ail
❑ Asperge
❑ Aubergine
❑ Betterave
❑ Brocoli
❑ Carotte
❑ Céleri
❑ Champignon
❑ Chou
❑ Chou-fleur
❑ Concombre
❑ Courge
❑ Courgette
❑ Échalote
❑ Endive
❑ Épinard
❑ Haricot
❑ Oignon
❑ Petit-pois
❑ Poireau
❑ Poivron
❑ Pomme de terre
❑ Salade
❑ Tomate
❑ ....
❑ ....
❑ ....
❑ ....
❑ ....
❑ ....
❑ ....

Fruits

❑ Abricot
❑ Banane
❑ Cerise
❑ Citron
❑ Fraise
❑ Kiwi
❑ Orange
❑ Clémentine
❑ Melon
❑ Pamplemousse
❑ Pêche
❑ Pomme
❑ Poire
❑ Prune
❑ ....
❑ ....
❑ ....
❑ ....

Viandes/poissons

❑ Bœuf
❑ Porc
❑ Volaille
❑ Poisson
❑ Crevettes
❑ ....
❑ ....
❑ ....
❑ ....
❑ ....

Crèmerie

❑ Beurre
❑ Crème fraîche
❑ Fromage
❑ Fromage râpé
❑ Lait
❑ Œufs
❑ ....
❑ ....
❑ ....

Desserts

❑ Compote
❑ Crème dessert
❑ Fromage blanc
❑ Yaourt
❑ ....
❑ ....
❑ ....
❑ ....

Apéritif

❑ Biscuits apéritifs
❑ Chips
❑ Saucisson
❑ ....
❑ ....
❑ ....
❑ ....
❑ ....

Petit déj et goûter

❑ Biscotte
❑ Biscuit
❑ Brioche
❑ Cacao
❑ Café
❑ Céréales
❑ Chocolat
❑ Confiture
❑ Miel
❑ Muesli
❑ Pain de mie
❑ Pâte à tartiner
❑ Thé
❑ ....
❑ ....

Bébé

❑ Lait
❑ Biscuits
❑ Petits pots
❑ Compotes
❑ Couches
❑ Eau minérale
❑ ....
❑ ....

❑ ....
❑ ....
❑ ....
❑ ....

Mes menus

du .... au ....

Lundi

Mardi

Mercredi

Jeudi

Vendredi

Samedi

Dimanche

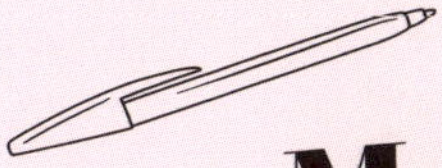

Ma liste de courses

du .... au ....

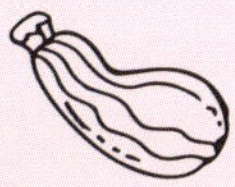

Légumes

- [ ] Ail
- [ ] Asperge
- [ ] Aubergine
- [ ] Betterave
- [ ] Brocoli
- [ ] Carotte
- [ ] Céleri
- [ ] Champignon
- [ ] Chou
- [ ] Chou-fleur
- [ ] Concombre
- [ ] Courge
- [ ] Courgette
- [ ] Échalote
- [ ] Endive
- [ ] Épinard
- [ ] Haricot
- [ ] Oignon
- [ ] Petit-pois
- [ ] Poireau
- [ ] Poivron
- [ ] Pomme de terre
- [ ] Salade
- [ ] Tomate
- [ ] ....
- [ ] ....
- [ ] ....
- [ ] ....
- [ ] ....
- [ ] ....
- [ ] ....

Fruits

- [ ] Abricot
- [ ] Banane
- [ ] Cerise
- [ ] Citron
- [ ] Fraise
- [ ] Kiwi
- [ ] Orange
- [ ] Clémentine
- [ ] Melon
- [ ] Pamplemousse
- [ ] Pêche
- [ ] Pomme
- [ ] Poire
- [ ] Prune
- [ ] ....
- [ ] ....
- [ ] ....
- [ ] ....

Viandes/poissons

- [ ] Bœuf
- [ ] Porc
- [ ] Volaille
- [ ] Poisson
- [ ] Crevettes
- [ ] ....
- [ ] ....
- [ ] ....
- [ ] ....
- [ ] ....

Crèmerie

- [ ] Beurre
- [ ] Crème fraîche
- [ ] Fromage
- [ ] Fromage râpé
- [ ] Lait
- [ ] Œufs
- [ ] ....
- [ ] ....
- [ ] ....

Desserts

- [ ] Compote
- [ ] Crème dessert
- [ ] Fromage blanc
- [ ] Yaourt
- [ ] ....
- [ ] ....
- [ ] ....
- [ ] ....

Apéritif

- [ ] Biscuits apéritifs
- [ ] Chips
- [ ] Saucisson
- [ ] ....
- [ ] ....
- [ ] ....
- [ ] ....
- [ ] ....

Petit déj et goûter

- [ ] Biscotte
- [ ] Biscuit
- [ ] Brioche
- [ ] Cacao
- [ ] Café
- [ ] Céréales
- [ ] Chocolat
- [ ] Confiture
- [ ] Miel
- [ ] Muesli
- [ ] Pain de mie
- [ ] Pâte à tartiner
- [ ] Thé
- [ ] ....
- [ ] ....

Bébé

- [ ] Lait
- [ ] Biscuits
- [ ] Petits pots
- [ ] Compotes
- [ ] Couches
- [ ] Eau minérale
- [ ] ....
- [ ] ....

....

- [ ] ....
- [ ] ....
- [ ] ....
- [ ] ....

Mes menus

du .... au ....

Lundi	
Mardi	
Mercredi	
Jeudi	
Vendredi	
Samedi	
Dimanche	

Ma liste de courses

du .... *au* ....

Légumes

- ☐ Ail
- ☐ Asperge
- ☐ Aubergine
- ☐ Betterave
- ☐ Brocoli
- ☐ Carotte
- ☐ Céleri
- ☐ Champignon
- ☐ Chou
- ☐ Chou-fleur
- ☐ Concombre
- ☐ Courge
- ☐ Courgette
- ☐ Échalote
- ☐ Endive
- ☐ Épinard
- ☐ Haricot
- ☐ Oignon
- ☐ Petit-pois
- ☐ Poireau
- ☐ Poivron
- ☐ Pomme de terre
- ☐ Salade
- ☐ Tomate
- ☐ ....
- ☐ ....
- ☐ ....
- ☐ ....
- ☐ ....
- ☐ ....
- ☐ ....

Fruits

- ☐ Abricot
- ☐ Banane
- ☐ Cerise
- ☐ Citron
- ☐ Fraise
- ☐ Kiwi
- ☐ Orange
- ☐ Clémentine
- ☐ Melon
- ☐ Pamplemousse
- ☐ Pêche
- ☐ Pomme
- ☐ Poire
- ☐ Prune
- ☐ ....
- ☐ ....
- ☐ ....
- ☐ ....

Viandes/poissons

- ☐ Bœuf
- ☐ Porc
- ☐ Volaille
- ☐ Poisson
- ☐ Crevettes
- ☐ ....
- ☐ ....
- ☐ ....
- ☐ ....
- ☐ ....

Crèmerie

- ☐ Beurre
- ☐ Crème fraîche
- ☐ Fromage
- ☐ Fromage râpé
- ☐ Lait
- ☐ Œufs
- ☐ ....
- ☐ ....
- ☐ ....

Desserts

- ☐ Compote
- ☐ Crème dessert
- ☐ Fromage blanc
- ☐ Yaourt
- ☐ ....
- ☐ ....
- ☐ ....
- ☐ ....

Apéritif

- ☐ Biscuits apéritifs
- ☐ Chips
- ☐ Saucisson
- ☐ ....
- ☐ ....
- ☐ ....
- ☐ ....
- ☐ ....

Petit déj et goûter

- ☐ Biscotte
- ☐ Biscuit
- ☐ Brioche
- ☐ Cacao
- ☐ Café
- ☐ Céréales
- ☐ Chocolat
- ☐ Confiture
- ☐ Miel
- ☐ Muesli
- ☐ Pain de mie
- ☐ Pâte à tartiner
- ☐ Thé
- ☐ ....
- ☐ ....

Bébé

- ☐ Lait
- ☐ Biscuits
- ☐ Petits pots
- ☐ Compotes
- ☐ Couches
- ☐ Eau minérale
- ☐ ....
- ☐ ....

- ☐ ....
- ☐ ....
- ☐ ....
- ☐ ....

Mes dépenses

du .... au ....

Semaine du .... au	
ENSEIGNE	MONTANT
TOTAL	

Semaine du .... au	
ENSEIGNE	MONTANT
TOTAL	

Semaine du .... au ....

ENSEIGNE	MONTANT
TOTAL	

Semaine du .... au ....

ENSEIGNE	MONTANT
TOTAL	

SEMAINES

du ....

au ....

BILAN mensuel

Budget alimentation	€
Budget hygiène	€
Budget entretien maison	€
Budget	€
Budget	€
Budget	€
Budget	€
BUDGET MENSUEL TOTAL :	€

Mon inventaire DU MOIS

Épicerie

- ❑ Boulgour
- ❑ Épeautre
- ❑ Farine
- ❑ Haricots
- ❑ Lentilles
- ❑ Pâtes
- ❑ Pois chiches
- ❑ Quinoa
- ❑ Riz
- ❑ Semoule
- ❑ ....
- ❑ ....
- ❑ ....

Petite épicerie

- ❑ Bouillon cube
- ❑ Chapelure
- ❑ Croûtons
- ❑ Fécule de maïs
- ❑ Graines
- ❑ Lait de coco
- ❑ Levure chimique
- ❑ Levure de boulanger
- ❑ Olives
- ❑ Sauce soja
- ❑ ....
- ❑ ....
- ❑ ....

Conserves

- ❑ Cornichons
- ❑ Haricots verts
- ❑ Maïs
- ❑ Olives
- ❑ Pâté
- ❑ Petits pois
- ❑ Plats cuisinés
- ❑ Sauce tomate
- ❑ Thon
- ❑ ....
- ❑ ....
- ❑ ....
- ❑ ....

Épices

- ❑ Curry
- ❑ Cannelle
- ❑ Piment
- ❑ Gingembre
- ❑ Paprika
- ❑ Cumin
- ❑ Curcuma
- ❑ ....
- ❑ ....
- ❑ ....

Condiments

- ❑ Huile
- ❑ Ketchup
- ❑ Moutarde
- ❑ Poivre
- ❑ Sel
- ❑ Vinaigre
- ❑ ....
- ❑ ....

Surgelés

- ❑ Frites
- ❑ Glaces
- ❑ Légumes
- ❑ Pizzas
- ❑ Poisson
- ❑ Viande
- ❑ ....
- ❑ ....
- ❑ ....
- ❑ ....

Maison et entretien

- ❑ Adoucissant
- ❑ Ampoules
- ❑ Bougies
- ❑ Enveloppes
- ❑ Éponge
- ❑ Essuie-tout
- ❑ Film alimentaire
- ❑ Javel
- ❑ Lessive
- ❑ Liquide vaisselle
- ❑ Pansement
- ❑ Papier aluminium
- ❑ Papier cuisson
- ❑ Papier toilette
- ❑ Piles
- ❑ Produit SDB
- ❑ Produit sol
- ❑ Produit vitres
- ❑ Produit WC
- ❑ Sacs poubelle
- ❑ Serviettes en papier
- ❑ ....
- ❑ ....
- ❑ ....
- ❑ ....
- ❑ ....
- ❑ ....
- ❑ ....
- ❑ ....

Hygiène

- ❑ Après-shampoing
- ❑ Brosse à dents
- ❑ Crème
- ❑ Cotons
- ❑ Cotons-tiges
- ❑ Démaquillant
- ❑ Dentifrice
- ❑ Déodorant
- ❑ Dissolvant
- ❑ Gel coiffant
- ❑ Gel douche
- ❑ Mouchoirs
- ❑ Mousse à raser
- ❑ Protections périodiques
- ❑ Rasoirs
- ❑ Savon
- ❑ Shampoing
- ❑ ....
- ❑ ....
- ❑ ....

Animaux

- ❑ Croquettes
- ❑ Litière
- ❑ Pâté
- ❑ Soin
- ❑ ....
- ❑ ....

Herbes

- ❑ Aneth
- ❑ Basilic
- ❑ Ciboulette
- ❑ Menthe
- ❑ Persil
- ❑ Romarin
- ❑ Sauge
- ❑ Thym
- ❑ ....
- ❑ ....
- ❑ ....
- ❑ ....

- ❑ ....
- ❑ ....
- ❑ ....
- ❑ ....
- ❑ ....
- ❑ ....
- ❑ ....
- ❑ ....
- ❑ ....
- ❑ ....
- ❑ ....
- ❑ ....
- ❑ ....
- ❑ ....

Semaine 1

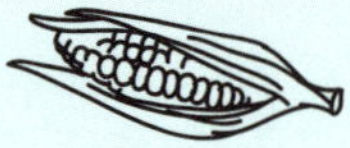

Mes menus

du .... au ....

Lundi	
Mardi	
Mercredi	
Jeudi	
Vendredi	
Samedi	
Dimanche	

Ma liste de courses

du .... *au* ....

Légumes

☐ Ail
☐ Asperge
☐ Aubergine
☐ Betterave
☐ Brocoli
☐ Carotte
☐ Céleri
☐ Champignon
☐ Chou
☐ Chou-fleur
☐ Concombre
☐ Courge
☐ Courgette
☐ Échalote
☐ Endive
☐ Épinard
☐ Haricot
☐ Oignon
☐ Petit-pois
☐ Poireau
☐ Poivron
☐ Pomme de terre
☐ Salade
☐ Tomate
☐ ....
☐ ....
☐ ....
☐ ....
☐ ....
☐ ....
☐ ....

Fruits

☐ Abricot
☐ Banane
☐ Cerise
☐ Citron
☐ Fraise
☐ Kiwi
☐ Orange
☐ Clémentine
☐ Melon
☐ Pamplemousse
☐ Pêche
☐ Pomme
☐ Poire
☐ Prune
☐ ....
☐ ....
☐ ....
☐ ....

Viandes/poissons

☐ Bœuf
☐ Porc
☐ Volaille
☐ Poisson
☐ Crevettes
☐ ....
☐ ....
☐ ....
☐ ....
☐ ....

Crèmerie

☐ Beurre
☐ Crème fraîche
☐ Fromage
☐ Fromage râpé
☐ Lait
☐ Œufs
☐ ....
☐ ....
☐ ....

Desserts

☐ Compote
☐ Crème dessert
☐ Fromage blanc
☐ Yaourt
☐ ....
☐ ....
☐ ....
☐ ....

Apéritif

☐ Biscuits apéritifs
☐ Chips
☐ Saucisson
☐ ....
☐ ....
☐ ....
☐ ....
☐ ....

Petit déj et goûter

☐ Biscotte
☐ Biscuit
☐ Brioche
☐ Cacao
☐ Café
☐ Céréales
☐ Chocolat
☐ Confiture
☐ Miel
☐ Muesli
☐ Pain de mie
☐ Pâte à tartiner
☐ Thé
☐ ....
☐ ....

Bébé

☐ Lait
☐ Biscuits
☐ Petits pots
☐ Compotes
☐ Couches
☐ Eau minérale
☐ ....
☐ ....

☐ ....
☐ ....
☐ ....
☐ ....

Mes menus

du .... *au* ....

Lundi ....

Mardi ....

Mercredi ....

Jeudi ....

Vendredi ....

Samedi ....

Dimanche ....

Ma liste de courses

du .... *au* ....

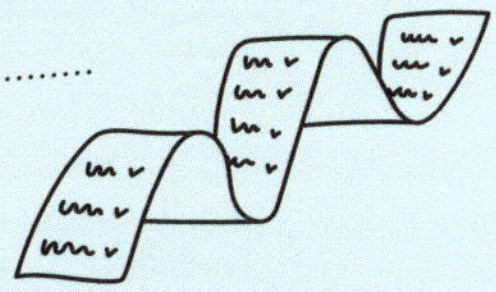

Légumes

- ☐ Ail
- ☐ Asperge
- ☐ Aubergine
- ☐ Betterave
- ☐ Brocoli
- ☐ Carotte
- ☐ Céleri
- ☐ Champignon
- ☐ Chou
- ☐ Chou-fleur
- ☐ Concombre
- ☐ Courge
- ☐ Courgette
- ☐ Échalote
- ☐ Endive
- ☐ Épinard
- ☐ Haricot
- ☐ Oignon
- ☐ Petit-pois
- ☐ Poireau
- ☐ Poivron
- ☐ Pomme de terre
- ☐ Salade
- ☐ Tomate
- ☐ ....
- ☐ ....
- ☐ ....
- ☐ ....
- ☐ ....
- ☐ ....
- ☐ ....

Fruits

- ☐ Abricot
- ☐ Banane
- ☐ Cerise
- ☐ Citron
- ☐ Fraise
- ☐ Kiwi
- ☐ Orange
- ☐ Clémentine
- ☐ Melon
- ☐ Pamplemousse
- ☐ Pêche
- ☐ Pomme
- ☐ Poire
- ☐ Prune
- ☐ ....
- ☐ ....
- ☐ ....
- ☐ ....

Viandes/poissons

- ☐ Bœuf
- ☐ Porc
- ☐ Volaille
- ☐ Poisson
- ☐ Crevettes
- ☐ ....
- ☐ ....
- ☐ ....
- ☐ ....
- ☐ ....

Crèmerie

- ☐ Beurre
- ☐ Crème fraîche
- ☐ Fromage
- ☐ Fromage râpé
- ☐ Lait
- ☐ Œufs
- ☐ ....
- ☐ ....
- ☐ ....

Desserts

- ☐ Compote
- ☐ Crème dessert
- ☐ Fromage blanc
- ☐ Yaourt
- ☐ ....
- ☐ ....
- ☐ ....
- ☐ ....

Apéritif

- ☐ Biscuits apéritifs
- ☐ Chips
- ☐ Saucisson
- ☐ ....
- ☐ ....
- ☐ ....
- ☐ ....
- ☐ ....

Petit déj et goûter

- ☐ Biscotte
- ☐ Biscuit
- ☐ Brioche
- ☐ Cacao
- ☐ Café
- ☐ Céréales
- ☐ Chocolat
- ☐ Confiture
- ☐ Miel
- ☐ Muesli
- ☐ Pain de mie
- ☐ Pâte à tartiner
- ☐ Thé
- ☐ ....
- ☐ ....

Bébé

- ☐ Lait
- ☐ Biscuits
- ☐ Petits pots
- ☐ Compotes
- ☐ Couches
- ☐ Eau minérale
- ☐ ....
- ☐ ....

- ☐ ....
- ☐ ....
- ☐ ....
- ☐ ....

Mes menus

du .... au ....

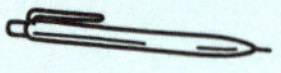

Lundi	
Mardi	
Mercredi	
Jeudi	
Vendredi	
Samedi	
Dimanche	

Ma liste de courses

du .... au ....

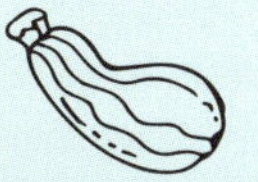

Légumes

- [ ] Ail
- [ ] Asperge
- [ ] Aubergine
- [ ] Betterave
- [ ] Brocoli
- [ ] Carotte
- [ ] Céleri
- [ ] Champignon
- [ ] Chou
- [ ] Chou-fleur
- [ ] Concombre
- [ ] Courge
- [ ] Courgette
- [ ] Échalote
- [ ] Endive
- [ ] Épinard
- [ ] Haricot
- [ ] Oignon
- [ ] Petit-pois
- [ ] Poireau
- [ ] Poivron
- [ ] Pomme de terre
- [ ] Salade
- [ ] Tomate
- [ ] ....
- [ ] ....
- [ ] ....
- [ ] ....
- [ ] ....
- [ ] ....
- [ ] ....

Fruits

- [ ] Abricot
- [ ] Banane
- [ ] Cerise
- [ ] Citron
- [ ] Fraise
- [ ] Kiwi
- [ ] Orange
- [ ] Clémentine
- [ ] Melon
- [ ] Pamplemousse
- [ ] Pêche
- [ ] Pomme
- [ ] Poire
- [ ] Prune
- [ ] ....
- [ ] ....
- [ ] ....
- [ ] ....

Viandes/poissons

- [ ] Bœuf
- [ ] Porc
- [ ] Volaille
- [ ] Poisson
- [ ] Crevettes
- [ ] ....
- [ ] ....
- [ ] ....
- [ ] ....
- [ ] ....

Crèmerie

- [ ] Beurre
- [ ] Crème fraîche
- [ ] Fromage
- [ ] Fromage râpé
- [ ] Lait
- [ ] Œufs
- [ ] ....
- [ ] ....
- [ ] ....

Desserts

- [ ] Compote
- [ ] Crème dessert
- [ ] Fromage blanc
- [ ] Yaourt
- [ ] ....
- [ ] ....
- [ ] ....
- [ ] ....

Apéritif

- [ ] Biscuits apéritifs
- [ ] Chips
- [ ] Saucisson
- [ ] ....
- [ ] ....
- [ ] ....
- [ ] ....
- [ ] ....

Petit déj et goûter

- [ ] Biscotte
- [ ] Biscuit
- [ ] Brioche
- [ ] Cacao
- [ ] Café
- [ ] Céréales
- [ ] Chocolat
- [ ] Confiture
- [ ] Miel
- [ ] Muesli
- [ ] Pain de mie
- [ ] Pâte à tartiner
- [ ] Thé
- [ ] ....
- [ ] ....

Bébé

- [ ] Lait
- [ ] Biscuits
- [ ] Petits pots
- [ ] Compotes
- [ ] Couches
- [ ] Eau minérale
- [ ] ....
- [ ] ....

- [ ] ....
- [ ] ....
- [ ] ....
- [ ] ....

Semaine 4

Mes menus

du …………………… au ……………………

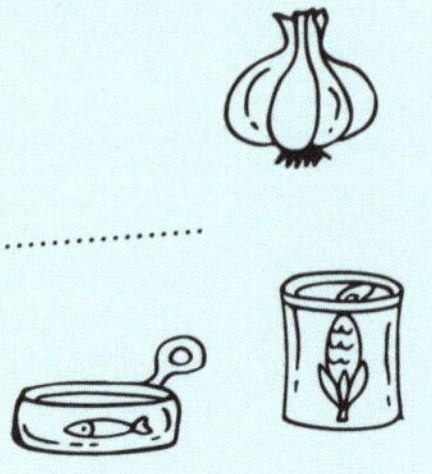

Lundi	
Mardi	
Mercredi	
Jeudi	
Vendredi	
Samedi	
Dimanche	

Ma liste de courses

du .... *au* ....

Légumes

- ❑ Ail
- ❑ Asperge
- ❑ Aubergine
- ❑ Betterave
- ❑ Brocoli
- ❑ Carotte
- ❑ Céleri
- ❑ Champignon
- ❑ Chou
- ❑ Chou-fleur
- ❑ Concombre
- ❑ Courge
- ❑ Courgette
- ❑ Échalote
- ❑ Endive
- ❑ Épinard
- ❑ Haricot
- ❑ Oignon
- ❑ Petit-pois
- ❑ Poireau
- ❑ Poivron
- ❑ Pomme de terre
- ❑ Salade
- ❑ Tomate
- ❑ ....
- ❑ ....
- ❑ ....
- ❑ ....
- ❑ ....
- ❑ ....
- ❑ ....

Fruits

- ❑ Abricot
- ❑ Banane
- ❑ Cerise
- ❑ Citron
- ❑ Fraise
- ❑ Kiwi
- ❑ Orange
- ❑ Clémentine
- ❑ Melon
- ❑ Pamplemousse
- ❑ Pêche
- ❑ Pomme
- ❑ Poire
- ❑ Prune
- ❑ ....
- ❑ ....
- ❑ ....
- ❑ ....

Viandes/poissons

- ❑ Bœuf
- ❑ Porc
- ❑ Volaille
- ❑ Poisson
- ❑ Crevettes
- ❑ ....
- ❑ ....
- ❑ ....
- ❑ ....
- ❑ ....

Crèmerie

- ❑ Beurre
- ❑ Crème fraîche
- ❑ Fromage
- ❑ Fromage râpé
- ❑ Lait
- ❑ Œufs
- ❑ ....
- ❑ ....
- ❑ ....

Desserts

- ❑ Compote
- ❑ Crème dessert
- ❑ Fromage blanc
- ❑ Yaourt
- ❑ ....
- ❑ ....
- ❑ ....
- ❑ ....

Apéritif

- ❑ Biscuits apéritifs
- ❑ Chips
- ❑ Saucisson
- ❑ ....
- ❑ ....
- ❑ ....
- ❑ ....
- ❑ ....

Petit déj et goûter

- ❑ Biscotte
- ❑ Biscuit
- ❑ Brioche
- ❑ Cacao
- ❑ Café
- ❑ Céréales
- ❑ Chocolat
- ❑ Confiture
- ❑ Miel
- ❑ Muesli
- ❑ Pain de mie
- ❑ Pâte à tartiner
- ❑ Thé
- ❑ ....
- ❑ ....

Bébé

- ❑ Lait
- ❑ Biscuits
- ❑ Petits pots
- ❑ Compotes
- ❑ Couches
- ❑ Eau minérale
- ❑ ....
- ❑ ....

- ❑ ....
- ❑ ....
- ❑ ....
- ❑ ....

Mes dépenses

du .... au ....

1 *Semaine du* .... *au* ....

ENSEIGNE	MONTANT
TOTAL	

2 *Semaine du* .... *au* ....

ENSEIGNE	MONTANT
TOTAL	

3 *Semaine du* .... *au* ....

ENSEIGNE	MONTANT
TOTAL	

4 *Semaine du* .... *au* ....

ENSEIGNE	MONTANT
TOTAL	

SEMAINES

du ....

au ....

BILAN mensuel

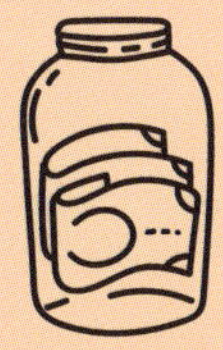

Budget alimentation	€
Budget hygiène	€
Budget entretien maison	€
Budget	€
Budget	€
Budget	€
Budget	€
BUDGET MENSUEL TOTAL :	€

Mon inventaire DU MOIS

Épicerie

- ❑ Boulgour
- ❑ Épeautre
- ❑ Farine
- ❑ Haricots
- ❑ Lentilles
- ❑ Pâtes
- ❑ Pois chiches
- ❑ Quinoa
- ❑ Riz
- ❑ Semoule
- ❑ ....
- ❑ ....
- ❑ ....

Petite épicerie

- ❑ Bouillon cube
- ❑ Chapelure
- ❑ Croûtons
- ❑ Fécule de maïs
- ❑ Graines
- ❑ Lait de coco
- ❑ Levure chimique
- ❑ Levure de boulanger
- ❑ Olives
- ❑ Sauce soja
- ❑ ....
- ❑ ....
- ❑ ....

Conserves

- ❑ Cornichons
- ❑ Haricots verts
- ❑ Maïs
- ❑ Olives
- ❑ Pâté
- ❑ Petits pois
- ❑ Plats cuisinés
- ❑ Sauce tomate
- ❑ Thon
- ❑ ....
- ❑ ....
- ❑ ....
- ❑ ....

Épices

- ❑ Curry
- ❑ Cannelle
- ❑ Piment
- ❑ Gingembre
- ❑ Paprika
- ❑ Cumin
- ❑ Curcuma
- ❑ ....
- ❑ ....
- ❑ ....

Condiments

- ❑ Huile
- ❑ Ketchup
- ❑ Moutarde
- ❑ Poivre
- ❑ Sel
- ❑ Vinaigre
- ❑ ....
- ❑ ....

Surgelés

- ❑ Frites
- ❑ Glaces
- ❑ Légumes
- ❑ Pizzas
- ❑ Poisson
- ❑ Viande
- ❑ ....
- ❑ ....
- ❑ ....
- ❑ ....

Maison et entretien

- ❑ Adoucissant
- ❑ Ampoules
- ❑ Bougies
- ❑ Enveloppes
- ❑ Éponge
- ❑ Essuie-tout
- ❑ Film alimentaire
- ❑ Javel
- ❑ Lessive
- ❑ Liquide vaisselle
- ❑ Pansement
- ❑ Papier aluminium
- ❑ Papier cuisson
- ❑ Papier toilette
- ❑ Piles
- ❑ Produit SDB
- ❑ Produit sol
- ❑ Produit vitres
- ❑ Produit WC
- ❑ Sacs poubelle
- ❑ Serviettes en papier
- ❑ ....
- ❑ ....
- ❑ ....
- ❑ ....
- ❑ ....
- ❑ ....
- ❑ ....
- ❑ ....

Hygiène

- ❑ Après-shampoing
- ❑ Brosse à dents
- ❑ Crème
- ❑ Cotons
- ❑ Cotons-tiges
- ❑ Démaquillant
- ❑ Dentifrice
- ❑ Déodorant
- ❑ Dissolvant
- ❑ Gel coiffant
- ❑ Gel douche
- ❑ Mouchoirs
- ❑ Mousse à raser
- ❑ Protections périodiques
- ❑ Rasoirs
- ❑ Savon
- ❑ Shampoing
- ❑ ....
- ❑ ....
- ❑ ....

Animaux

- ❑ Croquettes
- ❑ Litière
- ❑ Pâté
- ❑ Soin
- ❑ ....
- ❑ ....

Herbes

- ❑ Aneth
- ❑ Basilic
- ❑ Ciboulette
- ❑ Menthe
- ❑ Persil
- ❑ Romarin
- ❑ Sauge
- ❑ Thym
- ❑ ....
- ❑ ....
- ❑ ....
- ❑ ....

- ❑ ....
- ❑ ....
- ❑ ....
- ❑ ....
- ❑ ....
- ❑ ....
- ❑ ....
- ❑ ....
- ❑ ....
- ❑ ....
- ❑ ....
- ❑ ....
- ❑ ....
- ❑ ....

Semaine 1

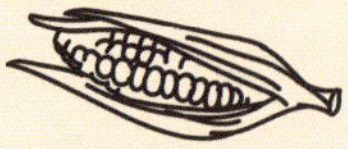

Mes menus

du .... au ....

Lundi	
Mardi	
Mercredi	
Jeudi	
Vendredi	
Samedi	
Dimanche	

Ma liste de courses

du …………………………… *au* ……………………………

Légumes

☐ Ail
☐ Asperge
☐ Aubergine
☐ Betterave
☐ Brocoli
☐ Carotte
☐ Céleri
☐ Champignon
☐ Chou
☐ Chou-fleur
☐ Concombre
☐ Courge
☐ Courgette
☐ Échalote
☐ Endive
☐ Épinard
☐ Haricot
☐ Oignon
☐ Petit-pois
☐ Poireau
☐ Poivron
☐ Pomme de terre
☐ Salade
☐ Tomate
☐ ……
☐ ……
☐ ……
☐ ……
☐ ……
☐ ……
☐ ……

Fruits

☐ Abricot
☐ Banane
☐ Cerise
☐ Citron
☐ Fraise
☐ Kiwi
☐ Orange
☐ Clémentine
☐ Melon
☐ Pamplemousse
☐ Pêche
☐ Pomme
☐ Poire
☐ Prune
☐ ……
☐ ……
☐ ……
☐ ……

Viandes/poissons

☐ Bœuf
☐ Porc
☐ Volaille
☐ Poisson
☐ Crevettes
☐ ……
☐ ……
☐ ……
☐ ……
☐ ……

Crèmerie

☐ Beurre
☐ Crème fraîche
☐ Fromage
☐ Fromage râpé
☐ Lait
☐ Œufs
☐ ……
☐ ……
☐ ……

Desserts

☐ Compote
☐ Crème dessert
☐ Fromage blanc
☐ Yaourt
☐ ……
☐ ……
☐ ……
☐ ……

Apéritif

☐ Biscuits apéritifs
☐ Chips
☐ Saucisson
☐ ……
☐ ……
☐ ……
☐ ……
☐ ……

Petit déj et goûter

☐ Biscotte
☐ Biscuit
☐ Brioche
☐ Cacao
☐ Café
☐ Céréales
☐ Chocolat
☐ Confiture
☐ Miel
☐ Muesli
☐ Pain de mie
☐ Pâte à tartiner
☐ Thé
☐ ……
☐ ……

Bébé

☐ Lait
☐ Biscuits
☐ Petits pots
☐ Compotes
☐ Couches
☐ Eau minérale
☐ ……
☐ ……

☐ ……
☐ ……
☐ ……
☐ ……

Mes menus

du .... au ....

Lundi	....
Mardi	....
Mercredi	....
Jeudi	....
Vendredi	....
Samedi	....
Dimanche	....

Ma liste de courses

du .... *au* ....

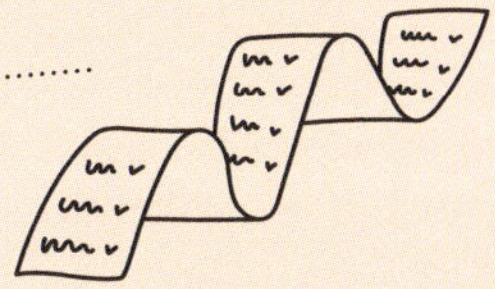

Légumes

❑ Ail
❑ Asperge
❑ Aubergine
❑ Betterave
❑ Brocoli
❑ Carotte
❑ Céleri
❑ Champignon
❑ Chou
❑ Chou-fleur
❑ Concombre
❑ Courge
❑ Courgette
❑ Échalote
❑ Endive
❑ Épinard
❑ Haricot
❑ Oignon
❑ Petit-pois
❑ Poireau
❑ Poivron
❑ Pomme de terre
❑ Salade
❑ Tomate
❑ ....
❑ ....
❑ ....
❑ ....
❑ ....
❑ ....
❑ ....

Fruits

❑ Abricot
❑ Banane
❑ Cerise
❑ Citron
❑ Fraise
❑ Kiwi
❑ Orange
❑ Clémentine
❑ Melon
❑ Pamplemousse
❑ Pêche
❑ Pomme
❑ Poire
❑ Prune
❑ ....
❑ ....
❑ ....
❑ ....

Viandes/poissons

❑ Bœuf
❑ Porc
❑ Volaille
❑ Poisson
❑ Crevettes
❑ ....
❑ ....
❑ ....
❑ ....
❑ ....

Crèmerie

❑ Beurre
❑ Crème fraîche
❑ Fromage
❑ Fromage râpé
❑ Lait
❑ Œufs
❑ ....
❑ ....
❑ ....

Desserts

❑ Compote
❑ Crème dessert
❑ Fromage blanc
❑ Yaourt
❑ ....
❑ ....
❑ ....
❑ ....

Apéritif

❑ Biscuits apéritifs
❑ Chips
❑ Saucisson
❑ ....
❑ ....
❑ ....
❑ ....
❑ ....

Petit déj et goûter

❑ Biscotte
❑ Biscuit
❑ Brioche
❑ Cacao
❑ Café
❑ Céréales
❑ Chocolat
❑ Confiture
❑ Miel
❑ Muesli
❑ Pain de mie
❑ Pâte à tartiner
❑ Thé
❑ ....
❑ ....

Bébé

❑ Lait
❑ Biscuits
❑ Petits pots
❑ Compotes
❑ Couches
❑ Eau minérale
❑ ....
❑ ....

❑ ....
❑ ....
❑ ....
❑ ....

Mes menus

du .... au ....

Lundi	
Mardi	
Mercredi	
Jeudi	
Vendredi	
Samedi	
Dimanche	

Ma liste de courses

du .... *au* ....

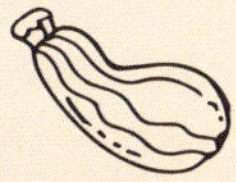

Légumes

- ☐ Ail
- ☐ Asperge
- ☐ Aubergine
- ☐ Betterave
- ☐ Brocoli
- ☐ Carotte
- ☐ Céleri
- ☐ Champignon
- ☐ Chou
- ☐ Chou-fleur
- ☐ Concombre
- ☐ Courge
- ☐ Courgette
- ☐ Échalote
- ☐ Endive
- ☐ Épinard
- ☐ Haricot
- ☐ Oignon
- ☐ Petit-pois
- ☐ Poireau
- ☐ Poivron
- ☐ Pomme de terre
- ☐ Salade
- ☐ Tomate
- ☐ ....
- ☐ ....
- ☐ ....
- ☐ ....
- ☐ ....
- ☐ ....
- ☐ ....

Fruits

- ☐ Abricot
- ☐ Banane
- ☐ Cerise
- ☐ Citron
- ☐ Fraise
- ☐ Kiwi
- ☐ Orange
- ☐ Clémentine
- ☐ Melon
- ☐ Pamplemousse
- ☐ Pêche
- ☐ Pomme
- ☐ Poire
- ☐ Prune
- ☐ ....
- ☐ ....
- ☐ ....
- ☐ ....

Viandes/poissons

- ☐ Bœuf
- ☐ Porc
- ☐ Volaille
- ☐ Poisson
- ☐ Crevettes
- ☐ ....
- ☐ ....
- ☐ ....
- ☐ ....
- ☐ ....

Crèmerie

- ☐ Beurre
- ☐ Crème fraîche
- ☐ Fromage
- ☐ Fromage râpé
- ☐ Lait
- ☐ Œufs
- ☐ ....
- ☐ ....
- ☐ ....

Desserts

- ☐ Compote
- ☐ Crème dessert
- ☐ Fromage blanc
- ☐ Yaourt
- ☐ ....
- ☐ ....
- ☐ ....
- ☐ ....

Apéritif

- ☐ Biscuits apéritifs
- ☐ Chips
- ☐ Saucisson
- ☐ ....
- ☐ ....
- ☐ ....
- ☐ ....
- ☐ ....

Petit déj et goûter

- ☐ Biscotte
- ☐ Biscuit
- ☐ Brioche
- ☐ Cacao
- ☐ Café
- ☐ Céréales
- ☐ Chocolat
- ☐ Confiture
- ☐ Miel
- ☐ Muesli
- ☐ Pain de mie
- ☐ Pâte à tartiner
- ☐ Thé
- ☐ ....
- ☐ ....

Bébé

- ☐ Lait
- ☐ Biscuits
- ☐ Petits pots
- ☐ Compotes
- ☐ Couches
- ☐ Eau minérale
- ☐ ....
- ☐ ....

- ☐ ....
- ☐ ....
- ☐ ....
- ☐ ....

Mes menus

du .... au ....

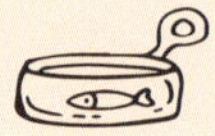

Lundi	
Mardi	
Mercredi	
Jeudi	
Vendredi	
Samedi	
Dimanche	

Ma liste de courses

du .... au ....

Légumes

- ❑ Ail
- ❑ Asperge
- ❑ Aubergine
- ❑ Betterave
- ❑ Brocoli
- ❑ Carotte
- ❑ Céleri
- ❑ Champignon
- ❑ Chou
- ❑ Chou-fleur
- ❑ Concombre
- ❑ Courge
- ❑ Courgette
- ❑ Échalote
- ❑ Endive
- ❑ Épinard
- ❑ Haricot
- ❑ Oignon
- ❑ Petit-pois
- ❑ Poireau
- ❑ Poivron
- ❑ Pomme de terre
- ❑ Salade
- ❑ Tomate
- ❑ ....
- ❑ ....
- ❑ ....
- ❑ ....
- ❑ ....
- ❑ ....
- ❑ ....

Fruits

- ❑ Abricot
- ❑ Banane
- ❑ Cerise
- ❑ Citron
- ❑ Fraise
- ❑ Kiwi
- ❑ Orange
- ❑ Clémentine
- ❑ Melon
- ❑ Pamplemousse
- ❑ Pêche
- ❑ Pomme
- ❑ Poire
- ❑ Prune
- ❑ ....
- ❑ ....
- ❑ ....
- ❑ ....

Viandes/poissons

- ❑ Bœuf
- ❑ Porc
- ❑ Volaille
- ❑ Poisson
- ❑ Crevettes
- ❑ ....
- ❑ ....
- ❑ ....
- ❑ ....
- ❑ ....

Crèmerie

- ❑ Beurre
- ❑ Crème fraîche
- ❑ Fromage
- ❑ Fromage râpé
- ❑ Lait
- ❑ Œufs
- ❑ ....
- ❑ ....
- ❑ ....

Desserts

- ❑ Compote
- ❑ Crème dessert
- ❑ Fromage blanc
- ❑ Yaourt
- ❑ ....
- ❑ ....
- ❑ ....
- ❑ ....

Apéritif

- ❑ Biscuits apéritifs
- ❑ Chips
- ❑ Saucisson
- ❑ ....
- ❑ ....
- ❑ ....
- ❑ ....
- ❑ ....

Petit déj et goûter

- ❑ Biscotte
- ❑ Biscuit
- ❑ Brioche
- ❑ Cacao
- ❑ Café
- ❑ Céréales
- ❑ Chocolat
- ❑ Confiture
- ❑ Miel
- ❑ Muesli
- ❑ Pain de mie
- ❑ Pâte à tartiner
- ❑ Thé
- ❑ ....
- ❑ ....

Bébé

- ❑ Lait
- ❑ Biscuits
- ❑ Petits pots
- ❑ Compotes
- ❑ Couches
- ❑ Eau minérale
- ❑ ....
- ❑ ....

- ❑ ....
- ❑ ....
- ❑ ....
- ❑ ....

Mes dépenses

du .... *au* ....

Semaine du .... *au* ....

ENSEIGNE	MONTANT
TOTAL	

Semaine du .... *au* ....

ENSEIGNE	MONTANT
TOTAL	

3 *Semaine du* .... *au* ....

ENSEIGNE	MONTANT
TOTAL	

4 *Semaine du* .... *au* ....

ENSEIGNE	MONTANT
TOTAL	

SEMAINES

du ....

au ....

BILAN mensuel

Budget alimentation	€
Budget hygiène	€
Budget entretien maison	€
Budget	€
Budget	€
Budget	€
Budget	€
BUDGET MENSUEL TOTAL :	€

Mon inventaire DU MOIS

Épicerie

- ☐ Boulgour
- ☐ Épeautre
- ☐ Farine
- ☐ Haricots
- ☐ Lentilles
- ☐ Pâtes
- ☐ Pois chiches
- ☐ Quinoa
- ☐ Riz
- ☐ Semoule
- ☐ ....
- ☐ ....
- ☐ ....

Petite épicerie

- ☐ Bouillon cube
- ☐ Chapelure
- ☐ Croûtons
- ☐ Fécule de maïs
- ☐ Graines
- ☐ Lait de coco
- ☐ Levure chimique
- ☐ Levure de boulanger
- ☐ Olives
- ☐ Sauce soja
- ☐ ....
- ☐ ....
- ☐ ....

Conserves

- ☐ Cornichons
- ☐ Haricots verts
- ☐ Maïs
- ☐ Olives
- ☐ Pâté
- ☐ Petits pois
- ☐ Plats cuisinés
- ☐ Sauce tomate
- ☐ Thon
- ☐ ....
- ☐ ....
- ☐ ....
- ☐ ....

Épices

- ☐ Curry
- ☐ Cannelle
- ☐ Piment
- ☐ Gingembre
- ☐ Paprika
- ☐ Cumin
- ☐ Curcuma
- ☐ ....
- ☐ ....
- ☐ ....

Condiments

- ☐ Huile
- ☐ Ketchup
- ☐ Moutarde
- ☐ Poivre
- ☐ Sel
- ☐ Vinaigre
- ☐ ....
- ☐ ....

Surgelés

- ☐ Frites
- ☐ Glaces
- ☐ Légumes
- ☐ Pizzas
- ☐ Poisson
- ☐ Viande
- ☐ ....
- ☐ ....
- ☐ ....
- ☐ ....

Maison et entretien

- ☐ Adoucissant
- ☐ Ampoules
- ☐ Bougies
- ☐ Enveloppes
- ☐ Éponge
- ☐ Essuie-tout
- ☐ Film alimentaire
- ☐ Javel
- ☐ Lessive
- ☐ Liquide vaisselle
- ☐ Pansement
- ☐ Papier aluminium
- ☐ Papier cuisson
- ☐ Papier toilette
- ☐ Piles
- ☐ Produit SDB
- ☐ Produit sol
- ☐ Produit vitres
- ☐ Produit WC
- ☐ Sacs poubelle
- ☐ Serviettes en papier
- ☐ ....
- ☐ ....
- ☐ ....
- ☐ ....
- ☐ ....
- ☐ ....
- ☐ ....
- ☐ ....

Hygiène

- ☐ Après-shampoing
- ☐ Brosse à dents
- ☐ Crème
- ☐ Cotons
- ☐ Cotons-tiges
- ☐ Démaquillant
- ☐ Dentifrice
- ☐ Déodorant
- ☐ Dissolvant
- ☐ Gel coiffant
- ☐ Gel douche
- ☐ Mouchoirs
- ☐ Mousse à raser
- ☐ Protections périodiques
- ☐ Rasoirs
- ☐ Savon
- ☐ Shampoing
- ☐ ....
- ☐ ....
- ☐ ....

Animaux

- ☐ Croquettes
- ☐ Litière
- ☐ Pâté
- ☐ Soin
- ☐ ....
- ☐ ....

Herbes

- ☐ Aneth
- ☐ Basilic
- ☐ Ciboulette
- ☐ Menthe
- ☐ Persil
- ☐ Romarin
- ☐ Sauge
- ☐ Thym
- ☐ ....
- ☐ ....
- ☐ ....
- ☐ ....

- ☐ ....
- ☐ ....
- ☐ ....
- ☐ ....
- ☐ ....
- ☐ ....
- ☐ ....
- ☐ ....
- ☐ ....
- ☐ ....
- ☐ ....
- ☐ ....
- ☐ ....
- ☐ ....

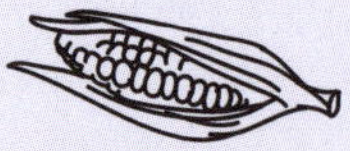

Mes menus

du .... au ....

Lundi

Mardi

Mercredi

Jeudi

Vendredi

Samedi

Dimanche

Ma liste de courses

du .... *au* ....

Légumes

☐ Ail
☐ Asperge
☐ Aubergine
☐ Betterave
☐ Brocoli
☐ Carotte
☐ Céleri
☐ Champignon
☐ Chou
☐ Chou-fleur
☐ Concombre
☐ Courge
☐ Courgette
☐ Échalote
☐ Endive
☐ Épinard
☐ Haricot
☐ Oignon
☐ Petit-pois
☐ Poireau
☐ Poivron
☐ Pomme de terre
☐ Salade
☐ Tomate
☐ ....
☐ ....
☐ ....
☐ ....
☐ ....
☐ ....
☐ ....

Fruits

☐ Abricot
☐ Banane
☐ Cerise
☐ Citron
☐ Fraise
☐ Kiwi
☐ Orange
☐ Clémentine
☐ Melon
☐ Pamplemousse
☐ Pêche
☐ Pomme
☐ Poire
☐ Prune
☐ ....
☐ ....
☐ ....
☐ ....

Viandes/poissons

☐ Bœuf
☐ Porc
☐ Volaille
☐ Poisson
☐ Crevettes
☐ ....
☐ ....
☐ ....
☐ ....
☐ ....

Crèmerie

☐ Beurre
☐ Crème fraîche
☐ Fromage
☐ Fromage râpé
☐ Lait
☐ Œufs
☐ ....
☐ ....
☐ ....

Desserts

☐ Compote
☐ Crème dessert
☐ Fromage blanc
☐ Yaourt
☐ ....
☐ ....
☐ ....
☐ ....

Apéritif

☐ Biscuits apéritifs
☐ Chips
☐ Saucisson
☐ ....
☐ ....
☐ ....
☐ ....
☐ ....

Petit déj et goûter

☐ Biscotte
☐ Biscuit
☐ Brioche
☐ Cacao
☐ Café
☐ Céréales
☐ Chocolat
☐ Confiture
☐ Miel
☐ Muesli
☐ Pain de mie
☐ Pâte à tartiner
☐ Thé
☐ ....
☐ ....

Bébé

☐ Lait
☐ Biscuits
☐ Petits pots
☐ Compotes
☐ Couches
☐ Eau minérale
☐ ....
☐ ....

☐ ....
☐ ....
☐ ....
☐ ....

Mes menus

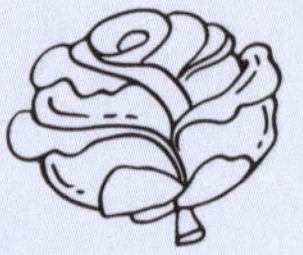

du .... au ....

Lundi	....
Mardi	....
Mercredi	....
Jeudi	....
Vendredi	....
Samedi	....
Dimanche	....

Ma liste de courses

du .... *au* ....

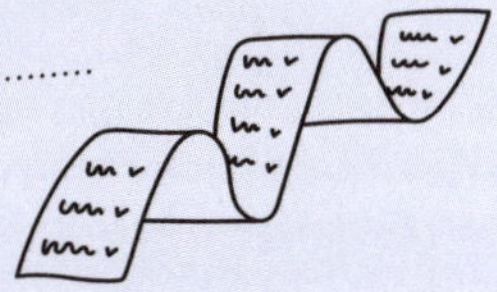

Légumes

- ☐ Ail
- ☐ Asperge
- ☐ Aubergine
- ☐ Betterave
- ☐ Brocoli
- ☐ Carotte
- ☐ Céleri
- ☐ Champignon
- ☐ Chou
- ☐ Chou-fleur
- ☐ Concombre
- ☐ Courge
- ☐ Courgette
- ☐ Échalote
- ☐ Endive
- ☐ Épinard
- ☐ Haricot
- ☐ Oignon
- ☐ Petit-pois
- ☐ Poireau
- ☐ Poivron
- ☐ Pomme de terre
- ☐ Salade
- ☐ Tomate
- ☐ ....
- ☐ ....
- ☐ ....
- ☐ ....
- ☐ ....
- ☐ ....
- ☐ ....

Fruits

- ☐ Abricot
- ☐ Banane
- ☐ Cerise
- ☐ Citron
- ☐ Fraise
- ☐ Kiwi
- ☐ Orange
- ☐ Clémentine
- ☐ Melon
- ☐ Pamplemousse
- ☐ Pêche
- ☐ Pomme
- ☐ Poire
- ☐ Prune
- ☐ ....
- ☐ ....
- ☐ ....
- ☐ ....

Viandes/poissons

- ☐ Bœuf
- ☐ Porc
- ☐ Volaille
- ☐ Poisson
- ☐ Crevettes
- ☐ ....
- ☐ ....
- ☐ ....
- ☐ ....
- ☐ ....

Crèmerie

- ☐ Beurre
- ☐ Crème fraîche
- ☐ Fromage
- ☐ Fromage râpé
- ☐ Lait
- ☐ Œufs
- ☐ ....
- ☐ ....
- ☐ ....

Desserts

- ☐ Compote
- ☐ Crème dessert
- ☐ Fromage blanc
- ☐ Yaourt
- ☐ ....
- ☐ ....
- ☐ ....
- ☐ ....

Apéritif

- ☐ Biscuits apéritifs
- ☐ Chips
- ☐ Saucisson
- ☐ ....
- ☐ ....
- ☐ ....
- ☐ ....
- ☐ ....

Petit déj et goûter

- ☐ Biscotte
- ☐ Biscuit
- ☐ Brioche
- ☐ Cacao
- ☐ Café
- ☐ Céréales
- ☐ Chocolat
- ☐ Confiture
- ☐ Miel
- ☐ Muesli
- ☐ Pain de mie
- ☐ Pâte à tartiner
- ☐ Thé
- ☐ ....
- ☐ ....

Bébé

- ☐ Lait
- ☐ Biscuits
- ☐ Petits pots
- ☐ Compotes
- ☐ Couches
- ☐ Eau minérale
- ☐ ....
- ☐ ....

- ☐ ....
- ☐ ....
- ☐ ....
- ☐ ....

Mes menus

du .... au ....

Lundi

Mardi

Mercredi

Jeudi

Vendredi

Samedi

Dimanche

Ma liste de courses

du .... *au* ....

Légumes

❑ Ail
❑ Asperge
❑ Aubergine
❑ Betterave
❑ Brocoli
❑ Carotte
❑ Céleri
❑ Champignon
❑ Chou
❑ Chou-fleur
❑ Concombre
❑ Courge
❑ Courgette
❑ Échalote
❑ Endive
❑ Épinard
❑ Haricot
❑ Oignon
❑ Petit-pois
❑ Poireau
❑ Poivron
❑ Pomme de terre
❑ Salade
❑ Tomate
❑ ....
❑ ....
❑ ....
❑ ....
❑ ....
❑ ....
❑ ....

Fruits

❑ Abricot
❑ Banane
❑ Cerise
❑ Citron
❑ Fraise
❑ Kiwi
❑ Orange
❑ Clémentine
❑ Melon
❑ Pamplemousse
❑ Pêche
❑ Pomme
❑ Poire
❑ Prune
❑ ....
❑ ....
❑ ....
❑ ....

Viandes/poissons

❑ Bœuf
❑ Porc
❑ Volaille
❑ Poisson
❑ Crevettes
❑ ....
❑ ....
❑ ....
❑ ....
❑ ....

Crèmerie

❑ Beurre
❑ Crème fraîche
❑ Fromage
❑ Fromage râpé
❑ Lait
❑ Œufs
❑ ....
❑ ....
❑ ....

Desserts

❑ Compote
❑ Crème dessert
❑ Fromage blanc
❑ Yaourt
❑ ....
❑ ....
❑ ....
❑ ....

Apéritif

❑ Biscuits apéritifs
❑ Chips
❑ Saucisson
❑ ....
❑ ....
❑ ....
❑ ....
❑ ....

Petit déj et goûter

❑ Biscotte
❑ Biscuit
❑ Brioche
❑ Cacao
❑ Café
❑ Céréales
❑ Chocolat
❑ Confiture
❑ Miel
❑ Muesli
❑ Pain de mie
❑ Pâte à tartiner
❑ Thé
❑ ....
❑ ....

Bébé

❑ Lait
❑ Biscuits
❑ Petits pots
❑ Compotes
❑ Couches
❑ Eau minérale
❑ ....
❑ ....

❑ ....
❑ ....
❑ ....
❑ ....

SEMAINE 4

Mes menus

du .... au ....

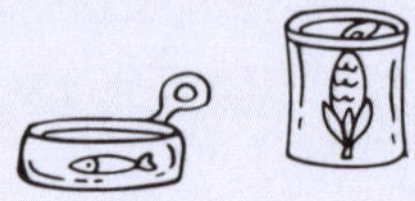

Lundi	....
Mardi	....
Mercredi	....
Jeudi	....
Vendredi	....
Samedi	....
Dimanche	....

Ma liste de courses

du .... *au* ....

Légumes

❑ Ail
❑ Asperge
❑ Aubergine
❑ Betterave
❑ Brocoli
❑ Carotte
❑ Céleri
❑ Champignon
❑ Chou
❑ Chou-fleur
❑ Concombre
❑ Courge
❑ Courgette
❑ Échalote
❑ Endive
❑ Épinard
❑ Haricot
❑ Oignon
❑ Petit-pois
❑ Poireau
❑ Poivron
❑ Pomme de terre
❑ Salade
❑ Tomate
❑ ....
❑ ....
❑ ....
❑ ....
❑ ....
❑ ....
❑ ....

Fruits

❑ Abricot
❑ Banane
❑ Cerise
❑ Citron
❑ Fraise
❑ Kiwi
❑ Orange
❑ Clémentine
❑ Melon
❑ Pamplemousse
❑ Pêche
❑ Pomme
❑ Poire
❑ Prune
❑ ....
❑ ....
❑ ....
❑ ....

Viandes/poissons

❑ Bœuf
❑ Porc
❑ Volaille
❑ Poisson
❑ Crevettes
❑ ....
❑ ....
❑ ....
❑ ....
❑ ....

Crèmerie

❑ Beurre
❑ Crème fraîche
❑ Fromage
❑ Fromage râpé
❑ Lait
❑ Œufs
❑ ....
❑ ....
❑ ....

Desserts

❑ Compote
❑ Crème dessert
❑ Fromage blanc
❑ Yaourt
❑ ....
❑ ....
❑ ....
❑ ....

Apéritif

❑ Biscuits apéritifs
❑ Chips
❑ Saucisson
❑ ....
❑ ....
❑ ....
❑ ....
❑ ....

Petit déj et goûter

❑ Biscotte
❑ Biscuit
❑ Brioche
❑ Cacao
❑ Café
❑ Céréales
❑ Chocolat
❑ Confiture
❑ Miel
❑ Muesli
❑ Pain de mie
❑ Pâte à tartiner
❑ Thé
❑ ....
❑ ....

Bébé

❑ Lait
❑ Biscuits
❑ Petits pots
❑ Compotes
❑ Couches
❑ Eau minérale
❑ ....
❑ ....

❑ ....
❑ ....
❑ ....
❑ ....

Mes dépenses

du .... *au* ....

Semaine du .... *au* ....

ENSEIGNE	MONTANT
TOTAL	

Semaine du .... *au* ....

ENSEIGNE	MONTANT
TOTAL	

3 *Semaine du* .... *au* ....

ENSEIGNE	MONTANT
TOTAL	

4 *Semaine du* .... *au* ....

ENSEIGNE	MONTANT
TOTAL	

SEMAINES

du ....

au ....

BILAN mensuel

Budget alimentation	€
Budget hygiène	€
Budget entretien maison	€
Budget	€
Budget	€
Budget	€
Budget	€
BUDGET MENSUEL TOTAL :	€

Mon inventaire DU MOIS

Épicerie

- ❑ Boulgour
- ❑ Épeautre
- ❑ Farine
- ❑ Haricots
- ❑ Lentilles
- ❑ Pâtes
- ❑ Pois chiches
- ❑ Quinoa
- ❑ Riz
- ❑ Semoule
- ❑ ....
- ❑ ....
- ❑ ....

Petite épicerie

- ❑ Bouillon cube
- ❑ Chapelure
- ❑ Croûtons
- ❑ Fécule de maïs
- ❑ Graines
- ❑ Lait de coco
- ❑ Levure chimique
- ❑ Levure de boulanger
- ❑ Olives
- ❑ Sauce soja
- ❑ ....
- ❑ ....
- ❑ ....

Conserves

- ❑ Cornichons
- ❑ Haricots verts
- ❑ Maïs
- ❑ Olives
- ❑ Pâté
- ❑ Petits pois
- ❑ Plats cuisinés
- ❑ Sauce tomate
- ❑ Thon
- ❑ ....
- ❑ ....
- ❑ ....
- ❑ ....

Épices

- ❑ Curry
- ❑ Cannelle
- ❑ Piment
- ❑ Gingembre
- ❑ Paprika
- ❑ Cumin
- ❑ Curcuma
- ❑ ....
- ❑ ....
- ❑ ....

Condiments

- ❑ Huile
- ❑ Ketchup
- ❑ Moutarde
- ❑ Poivre
- ❑ Sel
- ❑ Vinaigre
- ❑ ....
- ❑ ....

Surgelés

- ❑ Frites
- ❑ Glaces
- ❑ Légumes
- ❑ Pizzas
- ❑ Poisson
- ❑ Viande
- ❑ ....
- ❑ ....
- ❑ ....
- ❑ ....

Maison et entretien

- ❑ Adoucissant
- ❑ Ampoules
- ❑ Bougies
- ❑ Enveloppes
- ❑ Éponge
- ❑ Essuie-tout
- ❑ Film alimentaire
- ❑ Javel
- ❑ Lessive
- ❑ Liquide vaisselle
- ❑ Pansement
- ❑ Papier aluminium
- ❑ Papier cuisson
- ❑ Papier toilette
- ❑ Piles
- ❑ Produit SDB
- ❑ Produit sol
- ❑ Produit vitres
- ❑ Produit WC
- ❑ Sacs poubelle
- ❑ Serviettes en papier
- ❑ ....
- ❑ ....
- ❑ ....
- ❑ ....
- ❑ ....
- ❑ ....
- ❑ ....
- ❑ ....

Hygiène

- ❑ Après-shampoing
- ❑ Brosse à dents
- ❑ Crème
- ❑ Cotons
- ❑ Cotons-tiges
- ❑ Démaquillant
- ❑ Dentifrice
- ❑ Déodorant
- ❑ Dissolvant
- ❑ Gel coiffant
- ❑ Gel douche
- ❑ Mouchoirs
- ❑ Mousse à raser
- ❑ Protections périodiques
- ❑ Rasoirs
- ❑ Savon
- ❑ Shampoing
- ❑ ....
- ❑ ....
- ❑ ....

Animaux

- ❑ Croquettes
- ❑ Litière
- ❑ Pâté
- ❑ Soin
- ❑ ....
- ❑ ....

Herbes

- ❑ Aneth
- ❑ Basilic
- ❑ Ciboulette
- ❑ Menthe
- ❑ Persil
- ❑ Romarin
- ❑ Sauge
- ❑ Thym
- ❑ ....
- ❑ ....
- ❑ ....
- ❑ ....

- ❑ ....
- ❑ ....
- ❑ ....
- ❑ ....
- ❑ ....
- ❑ ....
- ❑ ....
- ❑ ....
- ❑ ....
- ❑ ....
- ❑ ....
- ❑ ....
- ❑ ....
- ❑ ....

Mes menus

du .... *au* ....

Lundi	
Mardi	
Mercredi	
Jeudi	
Vendredi	
Samedi	
Dimanche	

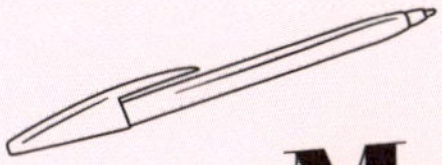

Ma liste de courses

du .... *au* ....

Légumes

- ❑ Ail
- ❑ Asperge
- ❑ Aubergine
- ❑ Betterave
- ❑ Brocoli
- ❑ Carotte
- ❑ Céleri
- ❑ Champignon
- ❑ Chou
- ❑ Chou-fleur
- ❑ Concombre
- ❑ Courge
- ❑ Courgette
- ❑ Échalote
- ❑ Endive
- ❑ Épinard
- ❑ Haricot
- ❑ Oignon
- ❑ Petit-pois
- ❑ Poireau
- ❑ Poivron
- ❑ Pomme de terre
- ❑ Salade
- ❑ Tomate
- ❑ ....
- ❑ ....
- ❑ ....
- ❑ ....
- ❑ ....
- ❑ ....
- ❑ ....

Fruits

- ❑ Abricot
- ❑ Banane
- ❑ Cerise
- ❑ Citron
- ❑ Fraise
- ❑ Kiwi
- ❑ Orange
- ❑ Clémentine
- ❑ Melon
- ❑ Pamplemousse
- ❑ Pêche
- ❑ Pomme
- ❑ Poire
- ❑ Prune
- ❑ ....
- ❑ ....
- ❑ ....
- ❑ ....

Viandes/poissons

- ❑ Bœuf
- ❑ Porc
- ❑ Volaille
- ❑ Poisson
- ❑ Crevettes
- ❑ ....
- ❑ ....
- ❑ ....
- ❑ ....
- ❑ ....

Crèmerie

- ❑ Beurre
- ❑ Crème fraîche
- ❑ Fromage
- ❑ Fromage râpé
- ❑ Lait
- ❑ Œufs
- ❑ ....
- ❑ ....
- ❑ ....

Desserts

- ❑ Compote
- ❑ Crème dessert
- ❑ Fromage blanc
- ❑ Yaourt
- ❑ ....
- ❑ ....
- ❑ ....
- ❑ ....

Apéritif

- ❑ Biscuits apéritifs
- ❑ Chips
- ❑ Saucisson
- ❑ ....
- ❑ ....
- ❑ ....
- ❑ ....
- ❑ ....

Petit déj et goûter

- ❑ Biscotte
- ❑ Biscuit
- ❑ Brioche
- ❑ Cacao
- ❑ Café
- ❑ Céréales
- ❑ Chocolat
- ❑ Confiture
- ❑ Miel
- ❑ Muesli
- ❑ Pain de mie
- ❑ Pâte à tartiner
- ❑ Thé
- ❑ ....
- ❑ ....

Bébé

- ❑ Lait
- ❑ Biscuits
- ❑ Petits pots
- ❑ Compotes
- ❑ Couches
- ❑ Eau minérale
- ❑ ....
- ❑ ....

- ❑ ....
- ❑ ....
- ❑ ....
- ❑ ....

Mes menus

du ………………………… au …………………………

Lundi	
Mardi	
Mercredi	
Jeudi	
Vendredi	
Samedi	
Dimanche	

Ma liste de courses

du .... *au* ....

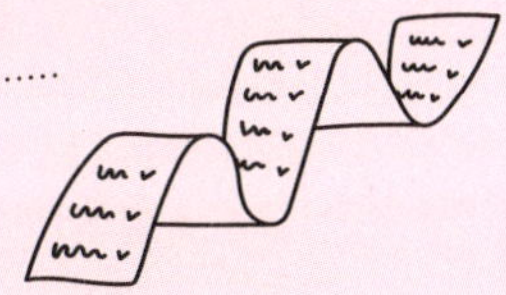

Légumes

❑ Ail
❑ Asperge
❑ Aubergine
❑ Betterave
❑ Brocoli
❑ Carotte
❑ Céleri
❑ Champignon
❑ Chou
❑ Chou-fleur
❑ Concombre
❑ Courge
❑ Courgette
❑ Échalote
❑ Endive
❑ Épinard
❑ Haricot
❑ Oignon
❑ Petit-pois
❑ Poireau
❑ Poivron
❑ Pomme de terre
❑ Salade
❑ Tomate
❑ ....
❑ ....
❑ ....
❑ ....
❑ ....
❑ ....
❑ ....

Fruits

❑ Abricot
❑ Banane
❑ Cerise
❑ Citron
❑ Fraise
❑ Kiwi
❑ Orange
❑ Clémentine
❑ Melon
❑ Pamplemousse
❑ Pêche
❑ Pomme
❑ Poire
❑ Prune
❑ ....
❑ ....
❑ ....
❑ ....

Viandes/poissons

❑ Bœuf
❑ Porc
❑ Volaille
❑ Poisson
❑ Crevettes
❑ ....
❑ ....
❑ ....
❑ ....
❑ ....

Crèmerie

❑ Beurre
❑ Crème fraîche
❑ Fromage
❑ Fromage râpé
❑ Lait
❑ Œufs
❑ ....
❑ ....
❑ ....

Desserts

❑ Compote
❑ Crème dessert
❑ Fromage blanc
❑ Yaourt
❑ ....
❑ ....
❑ ....
❑ ....

Apéritif

❑ Biscuits apéritifs
❑ Chips
❑ Saucisson
❑ ....
❑ ....
❑ ....
❑ ....
❑ ....

Petit déj et goûter

❑ Biscotte
❑ Biscuit
❑ Brioche
❑ Cacao
❑ Café
❑ Céréales
❑ Chocolat
❑ Confiture
❑ Miel
❑ Muesli
❑ Pain de mie
❑ Pâte à tartiner
❑ Thé
❑ ....
❑ ....

Bébé

❑ Lait
❑ Biscuits
❑ Petits pots
❑ Compotes
❑ Couches
❑ Eau minérale
❑ ....
❑ ....

❑ ....
❑ ....
❑ ....
❑ ....

Mes menus

du .... au ....

Lundi	....
Mardi	....
Mercredi	....
Jeudi	....
Vendredi	....
Samedi	....
Dimanche	....

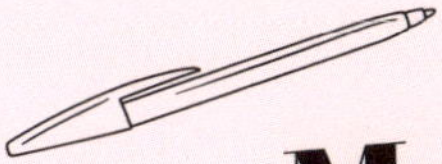

Ma liste de courses

du .... *au* ....

Légumes

- ☐ Ail
- ☐ Asperge
- ☐ Aubergine
- ☐ Betterave
- ☐ Brocoli
- ☐ Carotte
- ☐ Céleri
- ☐ Champignon
- ☐ Chou
- ☐ Chou-fleur
- ☐ Concombre
- ☐ Courge
- ☐ Courgette
- ☐ Échalote
- ☐ Endive
- ☐ Épinard
- ☐ Haricot
- ☐ Oignon
- ☐ Petit-pois
- ☐ Poireau
- ☐ Poivron
- ☐ Pomme de terre
- ☐ Salade
- ☐ Tomate
- ☐ ....
- ☐ ....
- ☐ ....
- ☐ ....
- ☐ ....
- ☐ ....
- ☐ ....

Fruits

- ☐ Abricot
- ☐ Banane
- ☐ Cerise
- ☐ Citron
- ☐ Fraise
- ☐ Kiwi
- ☐ Orange
- ☐ Clémentine
- ☐ Melon
- ☐ Pamplemousse
- ☐ Pêche
- ☐ Pomme
- ☐ Poire
- ☐ Prune
- ☐ ....
- ☐ ....
- ☐ ....
- ☐ ....

Viandes/poissons

- ☐ Bœuf
- ☐ Porc
- ☐ Volaille
- ☐ Poisson
- ☐ Crevettes
- ☐ ....
- ☐ ....
- ☐ ....
- ☐ ....
- ☐ ....

Crèmerie

- ☐ Beurre
- ☐ Crème fraîche
- ☐ Fromage
- ☐ Fromage râpé
- ☐ Lait
- ☐ Œufs
- ☐ ....
- ☐ ....
- ☐ ....

Desserts

- ☐ Compote
- ☐ Crème dessert
- ☐ Fromage blanc
- ☐ Yaourt
- ☐ ....
- ☐ ....
- ☐ ....
- ☐ ....

Apéritif

- ☐ Biscuits apéritifs
- ☐ Chips
- ☐ Saucisson
- ☐ ....
- ☐ ....
- ☐ ....
- ☐ ....
- ☐ ....

Petit déj et goûter

- ☐ Biscotte
- ☐ Biscuit
- ☐ Brioche
- ☐ Cacao
- ☐ Café
- ☐ Céréales
- ☐ Chocolat
- ☐ Confiture
- ☐ Miel
- ☐ Muesli
- ☐ Pain de mie
- ☐ Pâte à tartiner
- ☐ Thé
- ☐ ....
- ☐ ....

Bébé

- ☐ Lait
- ☐ Biscuits
- ☐ Petits pots
- ☐ Compotes
- ☐ Couches
- ☐ Eau minérale
- ☐ ....
- ☐ ....

- ☐ ....
- ☐ ....
- ☐ ....
- ☐ ....

Mes menus

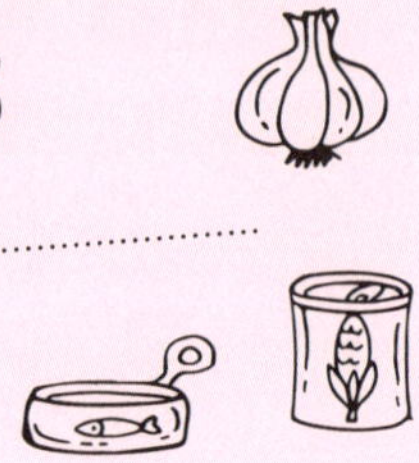

du .... au ....

Lundi	....
Mardi	....
Mercredi	....
Jeudi	....
Vendredi	....
Samedi	....
Dimanche	....

Ma liste de courses

du .... *au* ....

Légumes

- ☐ Ail
- ☐ Asperge
- ☐ Aubergine
- ☐ Betterave
- ☐ Brocoli
- ☐ Carotte
- ☐ Céleri
- ☐ Champignon
- ☐ Chou
- ☐ Chou-fleur
- ☐ Concombre
- ☐ Courge
- ☐ Courgette
- ☐ Échalote
- ☐ Endive
- ☐ Épinard
- ☐ Haricot
- ☐ Oignon
- ☐ Petit-pois
- ☐ Poireau
- ☐ Poivron
- ☐ Pomme de terre
- ☐ Salade
- ☐ Tomate
- ☐ ....
- ☐ ....
- ☐ ....
- ☐ ....
- ☐ ....
- ☐ ....
- ☐ ....

Fruits

- ☐ Abricot
- ☐ Banane
- ☐ Cerise
- ☐ Citron
- ☐ Fraise
- ☐ Kiwi
- ☐ Orange
- ☐ Clémentine
- ☐ Melon
- ☐ Pamplemousse
- ☐ Pêche
- ☐ Pomme
- ☐ Poire
- ☐ Prune
- ☐ ....
- ☐ ....
- ☐ ....
- ☐ ....

Viandes/poissons

- ☐ Bœuf
- ☐ Porc
- ☐ Volaille
- ☐ Poisson
- ☐ Crevettes
- ☐ ....
- ☐ ....
- ☐ ....
- ☐ ....
- ☐ ....

Crèmerie

- ☐ Beurre
- ☐ Crème fraîche
- ☐ Fromage
- ☐ Fromage râpé
- ☐ Lait
- ☐ Œufs
- ☐ ....
- ☐ ....
- ☐ ....

Desserts

- ☐ Compote
- ☐ Crème dessert
- ☐ Fromage blanc
- ☐ Yaourt
- ☐ ....
- ☐ ....
- ☐ ....
- ☐ ....

Apéritif

- ☐ Biscuits apéritifs
- ☐ Chips
- ☐ Saucisson
- ☐ ....
- ☐ ....
- ☐ ....
- ☐ ....
- ☐ ....

Petit déj et goûter

- ☐ Biscotte
- ☐ Biscuit
- ☐ Brioche
- ☐ Cacao
- ☐ Café
- ☐ Céréales
- ☐ Chocolat
- ☐ Confiture
- ☐ Miel
- ☐ Muesli
- ☐ Pain de mie
- ☐ Pâte à tartiner
- ☐ Thé
- ☐ ....
- ☐ ....

Bébé

- ☐ Lait
- ☐ Biscuits
- ☐ Petits pots
- ☐ Compotes
- ☐ Couches
- ☐ Eau minérale
- ☐ ....
- ☐ ....

- ☐ ....
- ☐ ....
- ☐ ....
- ☐ ....

Mes dépenses

du .... *au* ....

Semaine du .... *au*	
ENSEIGNE	MONTANT
TOTAL	

Semaine du .... *au*	
ENSEIGNE	MONTANT
TOTAL	

3 *Semaine du* .... *au* ....

ENSEIGNE	MONTANT
TOTAL	

4 *Semaine du* .... *au* ....

ENSEIGNE	MONTANT
TOTAL	

SEMAINES

du ....

au ....

BILAN mensuel

Budget alimentation	€
Budget hygiène	€
Budget entretien maison	€
Budget	€
Budget	€
Budget	€
Budget	€
BUDGET MENSUEL TOTAL :	€

Mon inventaire DU MOIS

Épicerie

- ❑ Boulgour
- ❑ Épeautre
- ❑ Farine
- ❑ Haricots
- ❑ Lentilles
- ❑ Pâtes
- ❑ Pois chiches
- ❑ Quinoa
- ❑ Riz
- ❑ Semoule
- ❑ ....
- ❑ ....
- ❑ ....

Petite épicerie

- ❑ Bouillon cube
- ❑ Chapelure
- ❑ Croûtons
- ❑ Fécule de maïs
- ❑ Graines
- ❑ Lait de coco
- ❑ Levure chimique
- ❑ Levure de boulanger
- ❑ Olives
- ❑ Sauce soja
- ❑ ....
- ❑ ....
- ❑ ....

Conserves

- ❑ Cornichons
- ❑ Haricots verts
- ❑ Maïs
- ❑ Olives
- ❑ Pâté
- ❑ Petits pois
- ❑ Plats cuisinés
- ❑ Sauce tomate
- ❑ Thon
- ❑ ....
- ❑ ....
- ❑ ....
- ❑ ....

Épices

- ❑ Curry
- ❑ Cannelle
- ❑ Piment
- ❑ Gingembre
- ❑ Paprika
- ❑ Cumin
- ❑ Curcuma
- ❑ ....
- ❑ ....
- ❑ ....

Condiments

- ❑ Huile
- ❑ Ketchup
- ❑ Moutarde
- ❑ Poivre
- ❑ Sel
- ❑ Vinaigre
- ❑ ....
- ❑ ....

Surgelés

- ❑ Frites
- ❑ Glaces
- ❑ Légumes
- ❑ Pizzas
- ❑ Poisson
- ❑ Viande
- ❑ ....
- ❑ ....
- ❑ ....
- ❑ ....

Maison et entretien

- ❑ Adoucissant
- ❑ Ampoules
- ❑ Bougies
- ❑ Enveloppes
- ❑ Éponge
- ❑ Essuie-tout
- ❑ Film alimentaire
- ❑ Javel
- ❑ Lessive
- ❑ Liquide vaisselle
- ❑ Pansement
- ❑ Papier aluminium
- ❑ Papier cuisson
- ❑ Papier toilette
- ❑ Piles
- ❑ Produit SDB
- ❑ Produit sol
- ❑ Produit vitres
- ❑ Produit WC
- ❑ Sacs poubelle
- ❑ Serviettes en papier
- ❑ ....
- ❑ ....
- ❑ ....
- ❑ ....
- ❑ ....
- ❑ ....
- ❑ ....
- ❑ ....

Hygiène

- ❑ Après-shampoing
- ❑ Brosse à dents
- ❑ Crème
- ❑ Cotons
- ❑ Cotons-tiges
- ❑ Démaquillant
- ❑ Dentifrice
- ❑ Déodorant
- ❑ Dissolvant
- ❑ Gel coiffant
- ❑ Gel douche
- ❑ Mouchoirs
- ❑ Mousse à raser
- ❑ Protections périodiques
- ❑ Rasoirs
- ❑ Savon
- ❑ Shampoing
- ❑ ....
- ❑ ....
- ❑ ....

Animaux

- ❑ Croquettes
- ❑ Litière
- ❑ Pâté
- ❑ Soin
- ❑ ....
- ❑ ....

Herbes

- ❑ Aneth
- ❑ Basilic
- ❑ Ciboulette
- ❑ Menthe
- ❑ Persil
- ❑ Romarin
- ❑ Sauge
- ❑ Thym
- ❑ ....
- ❑ ....
- ❑ ....
- ❑ ....

- ❑ ....
- ❑ ....
- ❑ ....
- ❑ ....
- ❑ ....
- ❑ ....
- ❑ ....
- ❑ ....
- ❑ ....
- ❑ ....
- ❑ ....
- ❑ ....
- ❑ ....
- ❑ ....

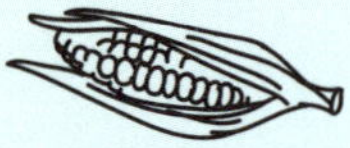

Mes menus

du .... au ....

Lundi	
Mardi	
Mercredi	
Jeudi	
Vendredi	
Samedi	
Dimanche	

Ma liste de courses

du .... au ....

Légumes

- ❑ Ail
- ❑ Asperge
- ❑ Aubergine
- ❑ Betterave
- ❑ Brocoli
- ❑ Carotte
- ❑ Céleri
- ❑ Champignon
- ❑ Chou
- ❑ Chou-fleur
- ❑ Concombre
- ❑ Courge
- ❑ Courgette
- ❑ Échalote
- ❑ Endive
- ❑ Épinard
- ❑ Haricot
- ❑ Oignon
- ❑ Petit-pois
- ❑ Poireau
- ❑ Poivron
- ❑ Pomme de terre
- ❑ Salade
- ❑ Tomate
- ❑ ....
- ❑ ....
- ❑ ....
- ❑ ....
- ❑ ....
- ❑ ....
- ❑ ....

Fruits

- ❑ Abricot
- ❑ Banane
- ❑ Cerise
- ❑ Citron
- ❑ Fraise
- ❑ Kiwi
- ❑ Orange
- ❑ Clémentine
- ❑ Melon
- ❑ Pamplemousse
- ❑ Pêche
- ❑ Pomme
- ❑ Poire
- ❑ Prune
- ❑ ....
- ❑ ....
- ❑ ....
- ❑ ....

Viandes/poissons

- ❑ Bœuf
- ❑ Porc
- ❑ Volaille
- ❑ Poisson
- ❑ Crevettes
- ❑ ....
- ❑ ....
- ❑ ....
- ❑ ....
- ❑ ....

Crèmerie

- ❑ Beurre
- ❑ Crème fraîche
- ❑ Fromage
- ❑ Fromage râpé
- ❑ Lait
- ❑ Œufs
- ❑ ....
- ❑ ....
- ❑ ....

Desserts

- ❑ Compote
- ❑ Crème dessert
- ❑ Fromage blanc
- ❑ Yaourt
- ❑ ....
- ❑ ....
- ❑ ....
- ❑ ....

Apéritif

- ❑ Biscuits apéritifs
- ❑ Chips
- ❑ Saucisson
- ❑ ....
- ❑ ....
- ❑ ....
- ❑ ....
- ❑ ....

Petit déj et goûter

- ❑ Biscotte
- ❑ Biscuit
- ❑ Brioche
- ❑ Cacao
- ❑ Café
- ❑ Céréales
- ❑ Chocolat
- ❑ Confiture
- ❑ Miel
- ❑ Muesli
- ❑ Pain de mie
- ❑ Pâte à tartiner
- ❑ Thé
- ❑ ....
- ❑ ....

Bébé

- ❑ Lait
- ❑ Biscuits
- ❑ Petits pots
- ❑ Compotes
- ❑ Couches
- ❑ Eau minérale
- ❑ ....
- ❑ ....

- ❑ ....
- ❑ ....
- ❑ ....
- ❑ ....

Mes menus

du .... au ....

Lundi

Mardi

Mercredi

Jeudi

Vendredi

Samedi

Dimanche

Ma liste de courses

du .... *au* ....

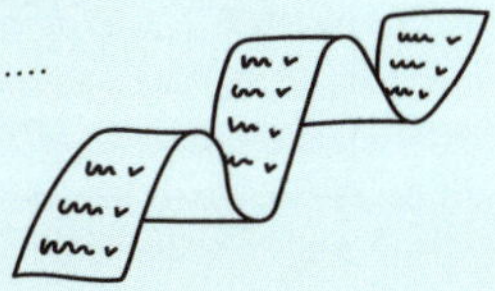

Légumes

☐ Ail
☐ Asperge
☐ Aubergine
☐ Betterave
☐ Brocoli
☐ Carotte
☐ Céleri
☐ Champignon
☐ Chou
☐ Chou-fleur
☐ Concombre
☐ Courge
☐ Courgette
☐ Échalote
☐ Endive
☐ Épinard
☐ Haricot
☐ Oignon
☐ Petit-pois
☐ Poireau
☐ Poivron
☐ Pomme de terre
☐ Salade
☐ Tomate
☐ ....
☐ ....
☐ ....
☐ ....
☐ ....
☐ ....
☐ ....

Fruits

☐ Abricot
☐ Banane
☐ Cerise
☐ Citron
☐ Fraise
☐ Kiwi
☐ Orange
☐ Clémentine
☐ Melon
☐ Pamplemousse
☐ Pêche
☐ Pomme
☐ Poire
☐ Prune
☐ ....
☐ ....
☐ ....
☐ ....

Viandes/poissons

☐ Bœuf
☐ Porc
☐ Volaille
☐ Poisson
☐ Crevettes
☐ ....
☐ ....
☐ ....
☐ ....
☐ ....

Crèmerie

☐ Beurre
☐ Crème fraîche
☐ Fromage
☐ Fromage râpé
☐ Lait
☐ Œufs
☐ ....
☐ ....
☐ ....

Desserts

☐ Compote
☐ Crème dessert
☐ Fromage blanc
☐ Yaourt
☐ ....
☐ ....
☐ ....
☐ ....

Apéritif

☐ Biscuits apéritifs
☐ Chips
☐ Saucisson
☐ ....
☐ ....
☐ ....
☐ ....
☐ ....

Petit déj et goûter

☐ Biscotte
☐ Biscuit
☐ Brioche
☐ Cacao
☐ Café
☐ Céréales
☐ Chocolat
☐ Confiture
☐ Miel
☐ Muesli
☐ Pain de mie
☐ Pâte à tartiner
☐ Thé
☐ ....
☐ ....

Bébé

☐ Lait
☐ Biscuits
☐ Petits pots
☐ Compotes
☐ Couches
☐ Eau minérale
☐ ....
☐ ....

☐ ....
☐ ....
☐ ....
☐ ....

Mes menus

du .... au ....

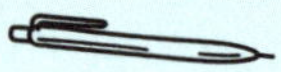

Lundi	
Mardi	
Mercredi	
Jeudi	
Vendredi	
Samedi	
Dimanche	

Ma liste de courses

du .... *au* ....

Légumes

- ☐ Ail
- ☐ Asperge
- ☐ Aubergine
- ☐ Betterave
- ☐ Brocoli
- ☐ Carotte
- ☐ Céleri
- ☐ Champignon
- ☐ Chou
- ☐ Chou-fleur
- ☐ Concombre
- ☐ Courge
- ☐ Courgette
- ☐ Échalote
- ☐ Endive
- ☐ Épinard
- ☐ Haricot
- ☐ Oignon
- ☐ Petit-pois
- ☐ Poireau
- ☐ Poivron
- ☐ Pomme de terre
- ☐ Salade
- ☐ Tomate
- ☐ ....
- ☐ ....
- ☐ ....
- ☐ ....
- ☐ ....
- ☐ ....
- ☐ ....

Fruits

- ☐ Abricot
- ☐ Banane
- ☐ Cerise
- ☐ Citron
- ☐ Fraise
- ☐ Kiwi
- ☐ Orange
- ☐ Clémentine
- ☐ Melon
- ☐ Pamplemousse
- ☐ Pêche
- ☐ Pomme
- ☐ Poire
- ☐ Prune
- ☐ ....
- ☐ ....
- ☐ ....
- ☐ ....

Viandes/poissons

- ☐ Bœuf
- ☐ Porc
- ☐ Volaille
- ☐ Poisson
- ☐ Crevettes
- ☐ ....
- ☐ ....
- ☐ ....
- ☐ ....
- ☐ ....

Crèmerie

- ☐ Beurre
- ☐ Crème fraîche
- ☐ Fromage
- ☐ Fromage râpé
- ☐ Lait
- ☐ Œufs
- ☐ ....
- ☐ ....
- ☐ ....

Desserts

- ☐ Compote
- ☐ Crème dessert
- ☐ Fromage blanc
- ☐ Yaourt
- ☐ ....
- ☐ ....
- ☐ ....
- ☐ ....

Apéritif

- ☐ Biscuits apéritifs
- ☐ Chips
- ☐ Saucisson
- ☐ ....
- ☐ ....
- ☐ ....
- ☐ ....
- ☐ ....

Petit déj et goûter

- ☐ Biscotte
- ☐ Biscuit
- ☐ Brioche
- ☐ Cacao
- ☐ Café
- ☐ Céréales
- ☐ Chocolat
- ☐ Confiture
- ☐ Miel
- ☐ Muesli
- ☐ Pain de mie
- ☐ Pâte à tartiner
- ☐ Thé
- ☐ ....
- ☐ ....

Bébé

- ☐ Lait
- ☐ Biscuits
- ☐ Petits pots
- ☐ Compotes
- ☐ Couches
- ☐ Eau minérale
- ☐ ....
- ☐ ....

- ☐ ....
- ☐ ....
- ☐ ....
- ☐ ....

Semaine 4

Mes menus

du .... *au* ....

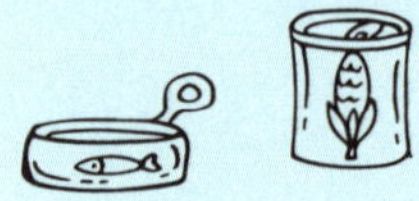

Lundi	
Mardi	
Mercredi	
Jeudi	
Vendredi	
Samedi	
Dimanche	

Ma liste de courses

du .... au ....

Légumes

- ❑ Ail
- ❑ Asperge
- ❑ Aubergine
- ❑ Betterave
- ❑ Brocoli
- ❑ Carotte
- ❑ Céleri
- ❑ Champignon
- ❑ Chou
- ❑ Chou-fleur
- ❑ Concombre
- ❑ Courge
- ❑ Courgette
- ❑ Échalote
- ❑ Endive
- ❑ Épinard
- ❑ Haricot
- ❑ Oignon
- ❑ Petit-pois
- ❑ Poireau
- ❑ Poivron
- ❑ Pomme de terre
- ❑ Salade
- ❑ Tomate
- ❑ ....
- ❑ ....
- ❑ ....
- ❑ ....
- ❑ ....
- ❑ ....
- ❑ ....

Fruits

- ❑ Abricot
- ❑ Banane
- ❑ Cerise
- ❑ Citron
- ❑ Fraise
- ❑ Kiwi
- ❑ Orange
- ❑ Clémentine
- ❑ Melon
- ❑ Pamplemousse
- ❑ Pêche
- ❑ Pomme
- ❑ Poire
- ❑ Prune
- ❑ ....
- ❑ ....
- ❑ ....
- ❑ ....

Viandes/poissons

- ❑ Bœuf
- ❑ Porc
- ❑ Volaille
- ❑ Poisson
- ❑ Crevettes
- ❑ ....
- ❑ ....
- ❑ ....
- ❑ ....
- ❑ ....

Crèmerie

- ❑ Beurre
- ❑ Crème fraîche
- ❑ Fromage
- ❑ Fromage râpé
- ❑ Lait
- ❑ Œufs
- ❑ ....
- ❑ ....
- ❑ ....

Desserts

- ❑ Compote
- ❑ Crème dessert
- ❑ Fromage blanc
- ❑ Yaourt
- ❑ ....
- ❑ ....
- ❑ ....
- ❑ ....

Apéritif

- ❑ Biscuits apéritifs
- ❑ Chips
- ❑ Saucisson
- ❑ ....
- ❑ ....
- ❑ ....
- ❑ ....
- ❑ ....

Petit déj et goûter

- ❑ Biscotte
- ❑ Biscuit
- ❑ Brioche
- ❑ Cacao
- ❑ Café
- ❑ Céréales
- ❑ Chocolat
- ❑ Confiture
- ❑ Miel
- ❑ Muesli
- ❑ Pain de mie
- ❑ Pâte à tartiner
- ❑ Thé
- ❑ ....
- ❑ ....

Bébé

- ❑ Lait
- ❑ Biscuits
- ❑ Petits pots
- ❑ Compotes
- ❑ Couches
- ❑ Eau minérale
- ❑ ....
- ❑ ....

- ❑ ....
- ❑ ....
- ❑ ....
- ❑ ....

Mes dépenses

du .... *au* ....

Semaine du .... *au* ....

ENSEIGNE	MONTANT
TOTAL	

Semaine du .... *au* ....

ENSEIGNE	MONTANT
TOTAL	

3 *Semaine du* .... *au* ....

ENSEIGNE	MONTANT
TOTAL	

4 *Semaine du* .... *au* ....

ENSEIGNE	MONTANT
TOTAL	

SEMAINES

du ....

au ....

BILAN mensuel

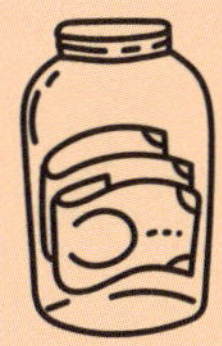

Budget alimentation	€
Budget hygiène	€
Budget entretien maison	€
Budget	€
Budget	€
Budget	€
Budget	€
BUDGET MENSUEL TOTAL :	€

Mon inventaire DU MOIS

Épicerie

- ☐ Boulgour
- ☐ Épeautre
- ☐ Farine
- ☐ Haricots
- ☐ Lentilles
- ☐ Pâtes
- ☐ Pois chiches
- ☐ Quinoa
- ☐ Riz
- ☐ Semoule
- ☐ ....
- ☐ ....
- ☐ ....

Petite épicerie

- ☐ Bouillon cube
- ☐ Chapelure
- ☐ Croûtons
- ☐ Fécule de maïs
- ☐ Graines
- ☐ Lait de coco
- ☐ Levure chimique
- ☐ Levure de boulanger
- ☐ Olives
- ☐ Sauce soja
- ☐ ....
- ☐ ....
- ☐ ....

Conserves

- ☐ Cornichons
- ☐ Haricots verts
- ☐ Maïs
- ☐ Olives
- ☐ Pâté
- ☐ Petits pois
- ☐ Plats cuisinés
- ☐ Sauce tomate
- ☐ Thon
- ☐ ....
- ☐ ....
- ☐ ....
- ☐ ....

Épices

- ☐ Curry
- ☐ Cannelle
- ☐ Piment
- ☐ Gingembre
- ☐ Paprika
- ☐ Cumin
- ☐ Curcuma
- ☐ ....
- ☐ ....
- ☐ ....

Condiments

- ☐ Huile
- ☐ Ketchup
- ☐ Moutarde
- ☐ Poivre
- ☐ Sel
- ☐ Vinaigre
- ☐ ....
- ☐ ....

Surgelés

- ☐ Frites
- ☐ Glaces
- ☐ Légumes
- ☐ Pizzas
- ☐ Poisson
- ☐ Viande
- ☐ ....
- ☐ ....
- ☐ ....
- ☐ ....

Maison et entretien

- ❑ Adoucissant
- ❑ Ampoules
- ❑ Bougies
- ❑ Enveloppes
- ❑ Éponge
- ❑ Essuie-tout
- ❑ Film alimentaire
- ❑ Javel
- ❑ Lessive
- ❑ Liquide vaisselle
- ❑ Pansement
- ❑ Papier aluminium
- ❑ Papier cuisson
- ❑ Papier toilette
- ❑ Piles
- ❑ Produit SDB
- ❑ Produit sol
- ❑ Produit vitres
- ❑ Produit WC
- ❑ Sacs poubelle
- ❑ Serviettes en papier
- ❑ ....
- ❑ ....
- ❑ ....
- ❑ ....
- ❑ ....
- ❑ ....
- ❑ ....
- ❑ ....

Hygiène

- ❑ Après-shampoing
- ❑ Brosse à dents
- ❑ Crème
- ❑ Cotons
- ❑ Cotons-tiges
- ❑ Démaquillant
- ❑ Dentifrice
- ❑ Déodorant
- ❑ Dissolvant
- ❑ Gel coiffant
- ❑ Gel douche
- ❑ Mouchoirs
- ❑ Mousse à raser
- ❑ Protections périodiques
- ❑ Rasoirs
- ❑ Savon
- ❑ Shampoing
- ❑ ....
- ❑ ....
- ❑ ....

Animaux

- ❑ Croquettes
- ❑ Litière
- ❑ Pâté
- ❑ Soin
- ❑ ....
- ❑ ....

Herbes

- ❑ Aneth
- ❑ Basilic
- ❑ Ciboulette
- ❑ Menthe
- ❑ Persil
- ❑ Romarin
- ❑ Sauge
- ❑ Thym
- ❑ ....
- ❑ ....
- ❑ ....
- ❑ ....

- ❑ ....
- ❑ ....
- ❑ ....
- ❑ ....
- ❑ ....
- ❑ ....
- ❑ ....
- ❑ ....
- ❑ ....
- ❑ ....
- ❑ ....
- ❑ ....
- ❑ ....
- ❑ ....

Semaine 1

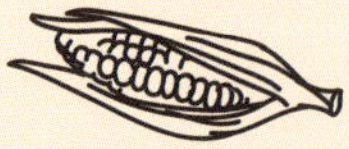

Mes menus

du .... au ....

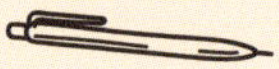

Lundi

Mardi

Mercredi

Jeudi

Vendredi

Samedi

Dimanche

Ma liste de courses

du .... *au* ....

Légumes

- ☐ Ail
- ☐ Asperge
- ☐ Aubergine
- ☐ Betterave
- ☐ Brocoli
- ☐ Carotte
- ☐ Céleri
- ☐ Champignon
- ☐ Chou
- ☐ Chou-fleur
- ☐ Concombre
- ☐ Courge
- ☐ Courgette
- ☐ Échalote
- ☐ Endive
- ☐ Épinard
- ☐ Haricot
- ☐ Oignon
- ☐ Petit-pois
- ☐ Poireau
- ☐ Poivron
- ☐ Pomme de terre
- ☐ Salade
- ☐ Tomate
- ☐ ....
- ☐ ....
- ☐ ....
- ☐ ....
- ☐ ....
- ☐ ....
- ☐ ....

Fruits

- ☐ Abricot
- ☐ Banane
- ☐ Cerise
- ☐ Citron
- ☐ Fraise
- ☐ Kiwi
- ☐ Orange
- ☐ Clémentine
- ☐ Melon
- ☐ Pamplemousse
- ☐ Pêche
- ☐ Pomme
- ☐ Poire
- ☐ Prune
- ☐ ....
- ☐ ....
- ☐ ....
- ☐ ....

Viandes/poissons

- ☐ Bœuf
- ☐ Porc
- ☐ Volaille
- ☐ Poisson
- ☐ Crevettes
- ☐ ....
- ☐ ....
- ☐ ....
- ☐ ....
- ☐ ....

Crèmerie

- ☐ Beurre
- ☐ Crème fraîche
- ☐ Fromage
- ☐ Fromage râpé
- ☐ Lait
- ☐ Œufs
- ☐ ....
- ☐ ....
- ☐ ....

Desserts

- ☐ Compote
- ☐ Crème dessert
- ☐ Fromage blanc
- ☐ Yaourt
- ☐ ....
- ☐ ....
- ☐ ....
- ☐ ....

Apéritif

- ☐ Biscuits apéritifs
- ☐ Chips
- ☐ Saucisson
- ☐ ....
- ☐ ....
- ☐ ....
- ☐ ....
- ☐ ....

Petit déj et goûter

- ☐ Biscotte
- ☐ Biscuit
- ☐ Brioche
- ☐ Cacao
- ☐ Café
- ☐ Céréales
- ☐ Chocolat
- ☐ Confiture
- ☐ Miel
- ☐ Muesli
- ☐ Pain de mie
- ☐ Pâte à tartiner
- ☐ Thé
- ☐ ....
- ☐ ....

Bébé

- ☐ Lait
- ☐ Biscuits
- ☐ Petits pots
- ☐ Compotes
- ☐ Couches
- ☐ Eau minérale
- ☐ ....
- ☐ ....

....

- ☐ ....
- ☐ ....
- ☐ ....
- ☐ ....

Mes menus

du .... *au* ....

Lundi

Mardi

Mercredi

Jeudi

Vendredi

Samedi

Dimanche

Ma liste de courses

du .... au ....

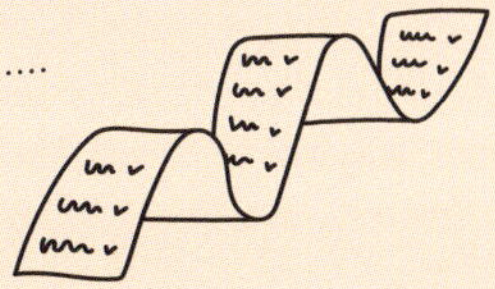

Légumes

❑ Ail
❑ Asperge
❑ Aubergine
❑ Betterave
❑ Brocoli
❑ Carotte
❑ Céleri
❑ Champignon
❑ Chou
❑ Chou-fleur
❑ Concombre
❑ Courge
❑ Courgette
❑ Échalote
❑ Endive
❑ Épinard
❑ Haricot
❑ Oignon
❑ Petit-pois
❑ Poireau
❑ Poivron
❑ Pomme de terre
❑ Salade
❑ Tomate
❑ ....
❑ ....
❑ ....
❑ ....
❑ ....
❑ ....
❑ ....

Fruits

❑ Abricot
❑ Banane
❑ Cerise
❑ Citron
❑ Fraise
❑ Kiwi
❑ Orange
❑ Clémentine
❑ Melon
❑ Pamplemousse
❑ Pêche
❑ Pomme
❑ Poire
❑ Prune
❑ ....
❑ ....
❑ ....
❑ ....

Viandes/poissons

❑ Bœuf
❑ Porc
❑ Volaille
❑ Poisson
❑ Crevettes
❑ ....
❑ ....
❑ ....
❑ ....
❑ ....

Crèmerie

❑ Beurre
❑ Crème fraîche
❑ Fromage
❑ Fromage râpé
❑ Lait
❑ Œufs
❑ ....
❑ ....
❑ ....

Desserts

❑ Compote
❑ Crème dessert
❑ Fromage blanc
❑ Yaourt
❑ ....
❑ ....
❑ ....
❑ ....

Apéritif

❑ Biscuits apéritifs
❑ Chips
❑ Saucisson
❑ ....
❑ ....
❑ ....
❑ ....
❑ ....

Petit déj et goûter

❑ Biscotte
❑ Biscuit
❑ Brioche
❑ Cacao
❑ Café
❑ Céréales
❑ Chocolat
❑ Confiture
❑ Miel
❑ Muesli
❑ Pain de mie
❑ Pâte à tartiner
❑ Thé
❑ ....
❑ ....

Bébé

❑ Lait
❑ Biscuits
❑ Petits pots
❑ Compotes
❑ Couches
❑ Eau minérale
❑ ....
❑ ....

❑ ....
❑ ....
❑ ....
❑ ....

Mes menus

du .... au ....

Lundi	
Mardi	
Mercredi	
Jeudi	
Vendredi	
Samedi	
Dimanche	

Ma liste de courses

du .... *au* ....

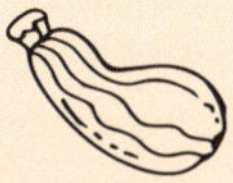

Légumes

- ❑ Ail
- ❑ Asperge
- ❑ Aubergine
- ❑ Betterave
- ❑ Brocoli
- ❑ Carotte
- ❑ Céleri
- ❑ Champignon
- ❑ Chou
- ❑ Chou-fleur
- ❑ Concombre
- ❑ Courge
- ❑ Courgette
- ❑ Échalote
- ❑ Endive
- ❑ Épinard
- ❑ Haricot
- ❑ Oignon
- ❑ Petit-pois
- ❑ Poireau
- ❑ Poivron
- ❑ Pomme de terre
- ❑ Salade
- ❑ Tomate
- ❑ ....
- ❑ ....
- ❑ ....
- ❑ ....
- ❑ ....
- ❑ ....
- ❑ ....

Fruits

- ❑ Abricot
- ❑ Banane
- ❑ Cerise
- ❑ Citron
- ❑ Fraise
- ❑ Kiwi
- ❑ Orange
- ❑ Clémentine
- ❑ Melon
- ❑ Pamplemousse
- ❑ Pêche
- ❑ Pomme
- ❑ Poire
- ❑ Prune
- ❑ ....
- ❑ ....
- ❑ ....
- ❑ ....

Viandes/poissons

- ❑ Bœuf
- ❑ Porc
- ❑ Volaille
- ❑ Poisson
- ❑ Crevettes
- ❑ ....
- ❑ ....
- ❑ ....
- ❑ ....
- ❑ ....

Crèmerie

- ❑ Beurre
- ❑ Crème fraîche
- ❑ Fromage
- ❑ Fromage râpé
- ❑ Lait
- ❑ Œufs
- ❑ ....
- ❑ ....
- ❑ ....

Desserts

- ❑ Compote
- ❑ Crème dessert
- ❑ Fromage blanc
- ❑ Yaourt
- ❑ ....
- ❑ ....
- ❑ ....
- ❑ ....

Apéritif

- ❑ Biscuits apéritifs
- ❑ Chips
- ❑ Saucisson
- ❑ ....
- ❑ ....
- ❑ ....
- ❑ ....
- ❑ ....

Petit déj et goûter

- ❑ Biscotte
- ❑ Biscuit
- ❑ Brioche
- ❑ Cacao
- ❑ Café
- ❑ Céréales
- ❑ Chocolat
- ❑ Confiture
- ❑ Miel
- ❑ Muesli
- ❑ Pain de mie
- ❑ Pâte à tartiner
- ❑ Thé
- ❑ ....
- ❑ ....

Bébé

- ❑ Lait
- ❑ Biscuits
- ❑ Petits pots
- ❑ Compotes
- ❑ Couches
- ❑ Eau minérale
- ❑ ....
- ❑ ....

- ❑ ....
- ❑ ....
- ❑ ....
- ❑ ....

SEMAINE 4

Mes menus

du .... au ....

Lundi	
Mardi	
Mercredi	
Jeudi	
Vendredi	
Samedi	
Dimanche	

Ma liste de courses

du .... *au* ....

Légumes

- ❑ Ail
- ❑ Asperge
- ❑ Aubergine
- ❑ Betterave
- ❑ Brocoli
- ❑ Carotte
- ❑ Céleri
- ❑ Champignon
- ❑ Chou
- ❑ Chou-fleur
- ❑ Concombre
- ❑ Courge
- ❑ Courgette
- ❑ Échalote
- ❑ Endive
- ❑ Épinard
- ❑ Haricot
- ❑ Oignon
- ❑ Petit-pois
- ❑ Poireau
- ❑ Poivron
- ❑ Pomme de terre
- ❑ Salade
- ❑ Tomate
- ❑ ....
- ❑ ....
- ❑ ....
- ❑ ....
- ❑ ....
- ❑ ....
- ❑ ....

Fruits

- ❑ Abricot
- ❑ Banane
- ❑ Cerise
- ❑ Citron
- ❑ Fraise
- ❑ Kiwi
- ❑ Orange
- ❑ Clémentine
- ❑ Melon
- ❑ Pamplemousse
- ❑ Pêche
- ❑ Pomme
- ❑ Poire
- ❑ Prune
- ❑ ....
- ❑ ....
- ❑ ....
- ❑ ....

Viandes/poissons

- ❑ Bœuf
- ❑ Porc
- ❑ Volaille
- ❑ Poisson
- ❑ Crevettes
- ❑ ....
- ❑ ....
- ❑ ....
- ❑ ....
- ❑ ....

Crèmerie

- ❑ Beurre
- ❑ Crème fraîche
- ❑ Fromage
- ❑ Fromage râpé
- ❑ Lait
- ❑ Œufs
- ❑ ....
- ❑ ....
- ❑ ....

Desserts

- ❑ Compote
- ❑ Crème dessert
- ❑ Fromage blanc
- ❑ Yaourt
- ❑ ....
- ❑ ....
- ❑ ....
- ❑ ....

Apéritif

- ❑ Biscuits apéritifs
- ❑ Chips
- ❑ Saucisson
- ❑ ....
- ❑ ....
- ❑ ....
- ❑ ....
- ❑ ....

Petit déj et goûter

- ❑ Biscotte
- ❑ Biscuit
- ❑ Brioche
- ❑ Cacao
- ❑ Café
- ❑ Céréales
- ❑ Chocolat
- ❑ Confiture
- ❑ Miel
- ❑ Muesli
- ❑ Pain de mie
- ❑ Pâte à tartiner
- ❑ Thé
- ❑ ....
- ❑ ....

Bébé

- ❑ Lait
- ❑ Biscuits
- ❑ Petits pots
- ❑ Compotes
- ❑ Couches
- ❑ Eau minérale
- ❑ ....
- ❑ ....

- ❑ ....
- ❑ ....
- ❑ ....
- ❑ ....

Mes dépenses

du .... *au* ....

Semaine du .... *au* ....

ENSEIGNE	MONTANT
TOTAL	

Semaine du .... *au* ....

ENSEIGNE	MONTANT
TOTAL	

3 *Semaine du* .... *au* ....

ENSEIGNE	MONTANT
TOTAL	

4 *Semaine du* .... *au* ....

ENSEIGNE	MONTANT
TOTAL	

SEMAINES

du ....

au ....

BILAN mensuel

Budget alimentation	€
Budget hygiène	€
Budget entretien maison	€
Budget	€
Budget	€
Budget	€
Budget	€
BUDGET MENSUEL TOTAL :	€

Mon inventaire DU MOIS

Épicerie

- ❑ Boulgour
- ❑ Épeautre
- ❑ Farine
- ❑ Haricots
- ❑ Lentilles
- ❑ Pâtes
- ❑ Pois chiches
- ❑ Quinoa
- ❑ Riz
- ❑ Semoule
- ❑ ....
- ❑ ....
- ❑ ....

Petite épicerie

- ❑ Bouillon cube
- ❑ Chapelure
- ❑ Croûtons
- ❑ Fécule de maïs
- ❑ Graines
- ❑ Lait de coco
- ❑ Levure chimique
- ❑ Levure de boulanger
- ❑ Olives
- ❑ Sauce soja
- ❑ ....
- ❑ ....
- ❑ ....

Conserves

- ❑ Cornichons
- ❑ Haricots verts
- ❑ Maïs
- ❑ Olives
- ❑ Pâté
- ❑ Petits pois
- ❑ Plats cuisinés
- ❑ Sauce tomate
- ❑ Thon
- ❑ ....
- ❑ ....
- ❑ ....
- ❑ ....

Épices

- ❑ Curry
- ❑ Cannelle
- ❑ Piment
- ❑ Gingembre
- ❑ Paprika
- ❑ Cumin
- ❑ Curcuma
- ❑ ....
- ❑ ....
- ❑ ....

Condiments

- ❑ Huile
- ❑ Ketchup
- ❑ Moutarde
- ❑ Poivre
- ❑ Sel
- ❑ Vinaigre
- ❑ ....
- ❑ ....

Surgelés

- ❑ Frites
- ❑ Glaces
- ❑ Légumes
- ❑ Pizzas
- ❑ Poisson
- ❑ Viande
- ❑ ....
- ❑ ....
- ❑ ....
- ❑ ....

Maison et entretien

- ❑ Adoucissant
- ❑ Ampoules
- ❑ Bougies
- ❑ Enveloppes
- ❑ Éponge
- ❑ Essuie-tout
- ❑ Film alimentaire
- ❑ Javel
- ❑ Lessive
- ❑ Liquide vaisselle
- ❑ Pansement
- ❑ Papier aluminium
- ❑ Papier cuisson
- ❑ Papier toilette
- ❑ Piles
- ❑ Produit SDB
- ❑ Produit sol
- ❑ Produit vitres
- ❑ Produit WC
- ❑ Sacs poubelle
- ❑ Serviettes en papier
- ❑ ....
- ❑ ....
- ❑ ....
- ❑ ....
- ❑ ....
- ❑ ....
- ❑ ....
- ❑ ....

Hygiène

- ❑ Après-shampoing
- ❑ Brosse à dents
- ❑ Crème
- ❑ Cotons
- ❑ Cotons-tiges
- ❑ Démaquillant
- ❑ Dentifrice
- ❑ Déodorant
- ❑ Dissolvant
- ❑ Gel coiffant
- ❑ Gel douche
- ❑ Mouchoirs
- ❑ Mousse à raser
- ❑ Protections périodiques
- ❑ Rasoirs
- ❑ Savon
- ❑ Shampoing
- ❑ ....
- ❑ ....
- ❑ ....

Animaux

- ❑ Croquettes
- ❑ Litière
- ❑ Pâté
- ❑ Soin
- ❑ ....
- ❑ ....

Herbes

- ❑ Aneth
- ❑ Basilic
- ❑ Ciboulette
- ❑ Menthe
- ❑ Persil
- ❑ Romarin
- ❑ Sauge
- ❑ Thym
- ❑ ....
- ❑ ....
- ❑ ....
- ❑ ....

- ❑ ....
- ❑ ....
- ❑ ....
- ❑ ....
- ❑ ....
- ❑ ....
- ❑ ....
- ❑ ....
- ❑ ....
- ❑ ....
- ❑ ....
- ❑ ....
- ❑ ....
- ❑ ....

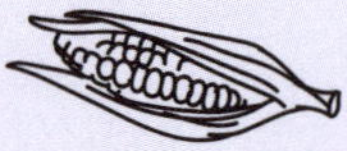

Mes menus

du .... au ....

Lundi	
Mardi	
Mercredi	
Jeudi	
Vendredi	
Samedi	
Dimanche	

Ma liste de courses

du .... *au* ....

Légumes

- ❑ Ail
- ❑ Asperge
- ❑ Aubergine
- ❑ Betterave
- ❑ Brocoli
- ❑ Carotte
- ❑ Céleri
- ❑ Champignon
- ❑ Chou
- ❑ Chou-fleur
- ❑ Concombre
- ❑ Courge
- ❑ Courgette
- ❑ Échalote
- ❑ Endive
- ❑ Épinard
- ❑ Haricot
- ❑ Oignon
- ❑ Petit-pois
- ❑ Poireau
- ❑ Poivron
- ❑ Pomme de terre
- ❑ Salade
- ❑ Tomate
- ❑ ....
- ❑ ....
- ❑ ....
- ❑ ....
- ❑ ....
- ❑ ....
- ❑ ....

Fruits

- ❑ Abricot
- ❑ Banane
- ❑ Cerise
- ❑ Citron
- ❑ Fraise
- ❑ Kiwi
- ❑ Orange
- ❑ Clémentine
- ❑ Melon
- ❑ Pamplemousse
- ❑ Pêche
- ❑ Pomme
- ❑ Poire
- ❑ Prune
- ❑ ....
- ❑ ....
- ❑ ....
- ❑ ....

Viandes/poissons

- ❑ Bœuf
- ❑ Porc
- ❑ Volaille
- ❑ Poisson
- ❑ Crevettes
- ❑ ....
- ❑ ....
- ❑ ....
- ❑ ....
- ❑ ....

Crèmerie

- ❑ Beurre
- ❑ Crème fraîche
- ❑ Fromage
- ❑ Fromage râpé
- ❑ Lait
- ❑ Œufs
- ❑ ....
- ❑ ....
- ❑ ....

Desserts

- ❑ Compote
- ❑ Crème dessert
- ❑ Fromage blanc
- ❑ Yaourt
- ❑ ....
- ❑ ....
- ❑ ....
- ❑ ....

Apéritif

- ❑ Biscuits apéritifs
- ❑ Chips
- ❑ Saucisson
- ❑ ....
- ❑ ....
- ❑ ....
- ❑ ....
- ❑ ....

Petit déj et goûter

- ❑ Biscotte
- ❑ Biscuit
- ❑ Brioche
- ❑ Cacao
- ❑ Café
- ❑ Céréales
- ❑ Chocolat
- ❑ Confiture
- ❑ Miel
- ❑ Muesli
- ❑ Pain de mie
- ❑ Pâte à tartiner
- ❑ Thé
- ❑ ....
- ❑ ....

Bébé

- ❑ Lait
- ❑ Biscuits
- ❑ Petits pots
- ❑ Compotes
- ❑ Couches
- ❑ Eau minérale
- ❑ ....
- ❑ ....

- ❑ ....
- ❑ ....
- ❑ ....
- ❑ ....

Mes menus

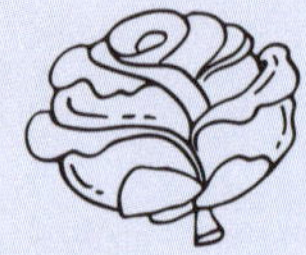

du .... *au* ....

Lundi ....

Mardi ....

Mercredi ....

Jeudi ....

Vendredi ....

Samedi ....

Dimanche ....

Ma liste de courses

du .... *au* ....

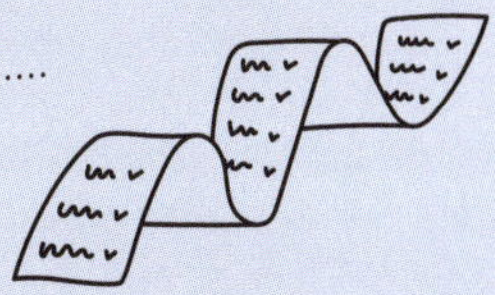

Légumes

- ☐ Ail
- ☐ Asperge
- ☐ Aubergine
- ☐ Betterave
- ☐ Brocoli
- ☐ Carotte
- ☐ Céleri
- ☐ Champignon
- ☐ Chou
- ☐ Chou-fleur
- ☐ Concombre
- ☐ Courge
- ☐ Courgette
- ☐ Échalote
- ☐ Endive
- ☐ Épinard
- ☐ Haricot
- ☐ Oignon
- ☐ Petit-pois
- ☐ Poireau
- ☐ Poivron
- ☐ Pomme de terre
- ☐ Salade
- ☐ Tomate
- ☐ ....
- ☐ ....
- ☐ ....
- ☐ ....
- ☐ ....
- ☐ ....
- ☐ ....

Fruits

- ☐ Abricot
- ☐ Banane
- ☐ Cerise
- ☐ Citron
- ☐ Fraise
- ☐ Kiwi
- ☐ Orange
- ☐ Clémentine
- ☐ Melon
- ☐ Pamplemousse
- ☐ Pêche
- ☐ Pomme
- ☐ Poire
- ☐ Prune
- ☐ ....
- ☐ ....
- ☐ ....
- ☐ ....

Viandes/poissons

- ☐ Bœuf
- ☐ Porc
- ☐ Volaille
- ☐ Poisson
- ☐ Crevettes
- ☐ ....
- ☐ ....
- ☐ ....
- ☐ ....
- ☐ ....

Crèmerie

- ☐ Beurre
- ☐ Crème fraîche
- ☐ Fromage
- ☐ Fromage râpé
- ☐ Lait
- ☐ Œufs
- ☐ ....
- ☐ ....
- ☐ ....

Desserts

- ☐ Compote
- ☐ Crème dessert
- ☐ Fromage blanc
- ☐ Yaourt
- ☐ ....
- ☐ ....
- ☐ ....
- ☐ ....

Apéritif

- ☐ Biscuits apéritifs
- ☐ Chips
- ☐ Saucisson
- ☐ ....
- ☐ ....
- ☐ ....
- ☐ ....
- ☐ ....

Petit déj et goûter

- ☐ Biscotte
- ☐ Biscuit
- ☐ Brioche
- ☐ Cacao
- ☐ Café
- ☐ Céréales
- ☐ Chocolat
- ☐ Confiture
- ☐ Miel
- ☐ Muesli
- ☐ Pain de mie
- ☐ Pâte à tartiner
- ☐ Thé
- ☐ ....
- ☐ ....

Bébé

- ☐ Lait
- ☐ Biscuits
- ☐ Petits pots
- ☐ Compotes
- ☐ Couches
- ☐ Eau minérale
- ☐ ....
- ☐ ....

- ☐ ....
- ☐ ....
- ☐ ....
- ☐ ....

Mes menus

du .... au ....

Lundi

Mardi

Mercredi

Jeudi

Vendredi

Samedi

Dimanche

Ma liste de courses

du .... *au* ....

Légumes

- ☐ Ail
- ☐ Asperge
- ☐ Aubergine
- ☐ Betterave
- ☐ Brocoli
- ☐ Carotte
- ☐ Céleri
- ☐ Champignon
- ☐ Chou
- ☐ Chou-fleur
- ☐ Concombre
- ☐ Courge
- ☐ Courgette
- ☐ Échalote
- ☐ Endive
- ☐ Épinard
- ☐ Haricot
- ☐ Oignon
- ☐ Petit-pois
- ☐ Poireau
- ☐ Poivron
- ☐ Pomme de terre
- ☐ Salade
- ☐ Tomate
- ☐ ....
- ☐ ....
- ☐ ....
- ☐ ....
- ☐ ....
- ☐ ....
- ☐ ....

Fruits

- ☐ Abricot
- ☐ Banane
- ☐ Cerise
- ☐ Citron
- ☐ Fraise
- ☐ Kiwi
- ☐ Orange
- ☐ Clémentine
- ☐ Melon
- ☐ Pamplemousse
- ☐ Pêche
- ☐ Pomme
- ☐ Poire
- ☐ Prune
- ☐ ....
- ☐ ....
- ☐ ....
- ☐ ....

Viandes/poissons

- ☐ Bœuf
- ☐ Porc
- ☐ Volaille
- ☐ Poisson
- ☐ Crevettes
- ☐ ....
- ☐ ....
- ☐ ....
- ☐ ....
- ☐ ....

Crèmerie

- ☐ Beurre
- ☐ Crème fraîche
- ☐ Fromage
- ☐ Fromage râpé
- ☐ Lait
- ☐ Œufs
- ☐ ....
- ☐ ....
- ☐ ....

Desserts

- ☐ Compote
- ☐ Crème dessert
- ☐ Fromage blanc
- ☐ Yaourt
- ☐ ....
- ☐ ....
- ☐ ....
- ☐ ....

Apéritif

- ☐ Biscuits apéritifs
- ☐ Chips
- ☐ Saucisson
- ☐ ....
- ☐ ....
- ☐ ....
- ☐ ....
- ☐ ....

Petit déj et goûter

- ☐ Biscotte
- ☐ Biscuit
- ☐ Brioche
- ☐ Cacao
- ☐ Café
- ☐ Céréales
- ☐ Chocolat
- ☐ Confiture
- ☐ Miel
- ☐ Muesli
- ☐ Pain de mie
- ☐ Pâte à tartiner
- ☐ Thé
- ☐ ....
- ☐ ....

Bébé

- ☐ Lait
- ☐ Biscuits
- ☐ Petits pots
- ☐ Compotes
- ☐ Couches
- ☐ Eau minérale
- ☐ ....
- ☐ ....

- ☐ ....
- ☐ ....
- ☐ ....
- ☐ ....

Mes menus

du .... *au* ....

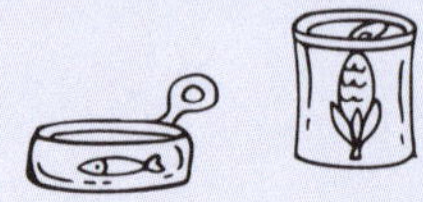

Lundi

Mardi

Mercredi

Jeudi

Vendredi

Samedi

Dimanche

Ma liste de courses

du .... *au* ....

Légumes

❑ Ail
❑ Asperge
❑ Aubergine
❑ Betterave
❑ Brocoli
❑ Carotte
❑ Céleri
❑ Champignon
❑ Chou
❑ Chou-fleur
❑ Concombre
❑ Courge
❑ Courgette
❑ Échalote
❑ Endive
❑ Épinard
❑ Haricot
❑ Oignon
❑ Petit-pois
❑ Poireau
❑ Poivron
❑ Pomme de terre
❑ Salade
❑ Tomate
❑ ....
❑ ....
❑ ....
❑ ....
❑ ....
❑ ....
❑ ....

Fruits

❑ Abricot
❑ Banane
❑ Cerise
❑ Citron
❑ Fraise
❑ Kiwi
❑ Orange
❑ Clémentine
❑ Melon
❑ Pamplemousse
❑ Pêche
❑ Pomme
❑ Poire
❑ Prune
❑ ....
❑ ....
❑ ....
❑ ....

Viandes/poissons

❑ Bœuf
❑ Porc
❑ Volaille
❑ Poisson
❑ Crevettes
❑ ....
❑ ....
❑ ....
❑ ....
❑ ....

Crèmerie

❑ Beurre
❑ Crème fraîche
❑ Fromage
❑ Fromage râpé
❑ Lait
❑ Œufs
❑ ....
❑ ....
❑ ....

Desserts

❑ Compote
❑ Crème dessert
❑ Fromage blanc
❑ Yaourt
❑ ....
❑ ....
❑ ....
❑ ....

Apéritif

❑ Biscuits apéritifs
❑ Chips
❑ Saucisson
❑ ....
❑ ....
❑ ....
❑ ....
❑ ....

Petit déj et goûter

❑ Biscotte
❑ Biscuit
❑ Brioche
❑ Cacao
❑ Café
❑ Céréales
❑ Chocolat
❑ Confiture
❑ Miel
❑ Muesli
❑ Pain de mie
❑ Pâte à tartiner
❑ Thé
❑ ....
❑ ....

Bébé

❑ Lait
❑ Biscuits
❑ Petits pots
❑ Compotes
❑ Couches
❑ Eau minérale
❑ ....
❑ ....

❑ ....
❑ ....
❑ ....
❑ ....

Mes dépenses

du .... *au* ....

Semaine du .... *au* ....

ENSEIGNE	MONTANT
TOTAL	

Semaine du .... *au* ....

ENSEIGNE	MONTANT
TOTAL	

Semaine du .... *au* ....

ENSEIGNE	MONTANT
TOTAL	

Semaine du .... *au* ....

ENSEIGNE	MONTANT
TOTAL	

SEMAINES

du ....

au ....

BILAN mensuel

Budget alimentation	€
Budget hygiène	€
Budget entretien maison	€
Budget	€
Budget	€
Budget	€
Budget	€
BUDGET MENSUEL TOTAL :	€

Mon inventaire DU MOIS

Épicerie

- ❑ Boulgour
- ❑ Épeautre
- ❑ Farine
- ❑ Haricots
- ❑ Lentilles
- ❑ Pâtes
- ❑ Pois chiches
- ❑ Quinoa
- ❑ Riz
- ❑ Semoule
- ❑ ....
- ❑ ....
- ❑ ....

Petite épicerie

- ❑ Bouillon cube
- ❑ Chapelure
- ❑ Croûtons
- ❑ Fécule de maïs
- ❑ Graines
- ❑ Lait de coco
- ❑ Levure chimique
- ❑ Levure de boulanger
- ❑ Olives
- ❑ Sauce soja
- ❑ ....
- ❑ ....
- ❑ ....

Conserves

- ❑ Cornichons
- ❑ Haricots verts
- ❑ Maïs
- ❑ Olives
- ❑ Pâté
- ❑ Petits pois
- ❑ Plats cuisinés
- ❑ Sauce tomate
- ❑ Thon
- ❑ ....
- ❑ ....
- ❑ ....
- ❑ ....

Épices

- ❑ Curry
- ❑ Cannelle
- ❑ Piment
- ❑ Gingembre
- ❑ Paprika
- ❑ Cumin
- ❑ Curcuma
- ❑ ....
- ❑ ....
- ❑ ....

Condiments

- ❑ Huile
- ❑ Ketchup
- ❑ Moutarde
- ❑ Poivre
- ❑ Sel
- ❑ Vinaigre
- ❑ ....
- ❑ ....

Surgelés

- ❑ Frites
- ❑ Glaces
- ❑ Légumes
- ❑ Pizzas
- ❑ Poisson
- ❑ Viande
- ❑ ....
- ❑ ....
- ❑ ....
- ❑ ....

Maison et entretien

- ❑ Adoucissant
- ❑ Ampoules
- ❑ Bougies
- ❑ Enveloppes
- ❑ Éponge
- ❑ Essuie-tout
- ❑ Film alimentaire
- ❑ Javel
- ❑ Lessive
- ❑ Liquide vaisselle
- ❑ Pansement
- ❑ Papier aluminium
- ❑ Papier cuisson
- ❑ Papier toilette
- ❑ Piles
- ❑ Produit SDB
- ❑ Produit sol
- ❑ Produit vitres
- ❑ Produit WC
- ❑ Sacs poubelle
- ❑ Serviettes en papier
- ❑ ....
- ❑ ....
- ❑ ....
- ❑ ....
- ❑ ....
- ❑ ....
- ❑ ....
- ❑ ....

Hygiène

- ❑ Après-shampoing
- ❑ Brosse à dents
- ❑ Crème
- ❑ Cotons
- ❑ Cotons-tiges
- ❑ Démaquillant
- ❑ Dentifrice
- ❑ Déodorant
- ❑ Dissolvant
- ❑ Gel coiffant
- ❑ Gel douche
- ❑ Mouchoirs
- ❑ Mousse à raser
- ❑ Protections périodiques
- ❑ Rasoirs
- ❑ Savon
- ❑ Shampoing
- ❑ ....
- ❑ ....
- ❑ ....

Animaux

- ❑ Croquettes
- ❑ Litière
- ❑ Pâté
- ❑ Soin
- ❑ ....
- ❑ ....

Herbes

- ❑ Aneth
- ❑ Basilic
- ❑ Ciboulette
- ❑ Menthe
- ❑ Persil
- ❑ Romarin
- ❑ Sauge
- ❑ Thym
- ❑ ....
- ❑ ....
- ❑ ....
- ❑ ....

- ❑ ....
- ❑ ....
- ❑ ....
- ❑ ....
- ❑ ....
- ❑ ....
- ❑ ....
- ❑ ....
- ❑ ....
- ❑ ....
- ❑ ....
- ❑ ....
- ❑ ....
- ❑ ....

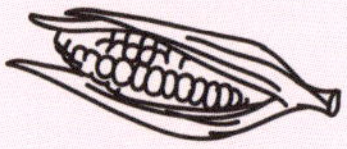

Mes menus

du .... au ....

Lundi	
Mardi	
Mercredi	
Jeudi	
Vendredi	
Samedi	
Dimanche	

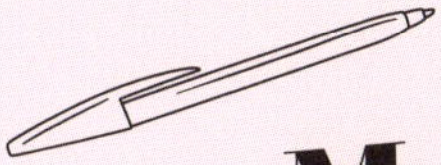

Ma liste de courses

du ………………………… au …………………………

Légumes

- ☐ Ail
- ☐ Asperge
- ☐ Aubergine
- ☐ Betterave
- ☐ Brocoli
- ☐ Carotte
- ☐ Céleri
- ☐ Champignon
- ☐ Chou
- ☐ Chou-fleur
- ☐ Concombre
- ☐ Courge
- ☐ Courgette
- ☐ Échalote
- ☐ Endive
- ☐ Épinard
- ☐ Haricot
- ☐ Oignon
- ☐ Petit-pois
- ☐ Poireau
- ☐ Poivron
- ☐ Pomme de terre
- ☐ Salade
- ☐ Tomate
- ☐ …………………………
- ☐ …………………………
- ☐ …………………………
- ☐ …………………………
- ☐ …………………………
- ☐ …………………………
- ☐ …………………………

Fruits

- ☐ Abricot
- ☐ Banane
- ☐ Cerise
- ☐ Citron
- ☐ Fraise
- ☐ Kiwi
- ☐ Orange
- ☐ Clémentine
- ☐ Melon
- ☐ Pamplemousse
- ☐ Pêche
- ☐ Pomme
- ☐ Poire
- ☐ Prune
- ☐ …………………………
- ☐ …………………………
- ☐ …………………………
- ☐ …………………………

Viandes/poissons

- ☐ Bœuf
- ☐ Porc
- ☐ Volaille
- ☐ Poisson
- ☐ Crevettes
- ☐ …………………………
- ☐ …………………………
- ☐ …………………………
- ☐ …………………………
- ☐ …………………………

Crèmerie

- ☐ Beurre
- ☐ Crème fraîche
- ☐ Fromage
- ☐ Fromage râpé
- ☐ Lait
- ☐ Œufs
- ☐ …………………………
- ☐ …………………………
- ☐ …………………………

Desserts

- ☐ Compote
- ☐ Crème dessert
- ☐ Fromage blanc
- ☐ Yaourt
- ☐ …………………………
- ☐ …………………………
- ☐ …………………………
- ☐ …………………………

Apéritif

- ☐ Biscuits apéritifs
- ☐ Chips
- ☐ Saucisson
- ☐ …………………………
- ☐ …………………………
- ☐ …………………………
- ☐ …………………………
- ☐ …………………………

Petit déj et goûter

- ☐ Biscotte
- ☐ Biscuit
- ☐ Brioche
- ☐ Cacao
- ☐ Café
- ☐ Céréales
- ☐ Chocolat
- ☐ Confiture
- ☐ Miel
- ☐ Muesli
- ☐ Pain de mie
- ☐ Pâte à tartiner
- ☐ Thé
- ☐ …………………………
- ☐ …………………………

Bébé

- ☐ Lait
- ☐ Biscuits
- ☐ Petits pots
- ☐ Compotes
- ☐ Couches
- ☐ Eau minérale
- ☐ …………………………
- ☐ …………………………

- ☐ …………………………
- ☐ …………………………
- ☐ …………………………
- ☐ …………………………

Mes menus

du .... *au* ....

Lundi	....
Mardi	....
Mercredi	....
Jeudi	....
Vendredi	....
Samedi	....
Dimanche	....

Ma liste de courses

du .... *au* ....

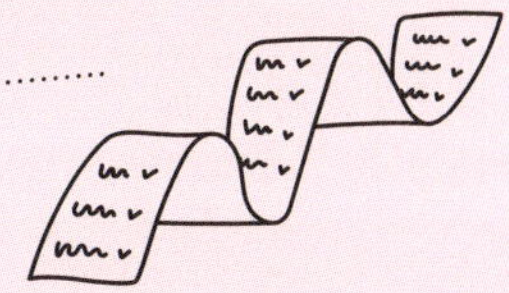

Légumes

- ☐ Ail
- ☐ Asperge
- ☐ Aubergine
- ☐ Betterave
- ☐ Brocoli
- ☐ Carotte
- ☐ Céleri
- ☐ Champignon
- ☐ Chou
- ☐ Chou-fleur
- ☐ Concombre
- ☐ Courge
- ☐ Courgette
- ☐ Échalote
- ☐ Endive
- ☐ Épinard
- ☐ Haricot
- ☐ Oignon
- ☐ Petit-pois
- ☐ Poireau
- ☐ Poivron
- ☐ Pomme de terre
- ☐ Salade
- ☐ Tomate
- ☐ ....
- ☐ ....
- ☐ ....
- ☐ ....
- ☐ ....
- ☐ ....
- ☐ ....

Fruits

- ☐ Abricot
- ☐ Banane
- ☐ Cerise
- ☐ Citron
- ☐ Fraise
- ☐ Kiwi
- ☐ Orange
- ☐ Clémentine
- ☐ Melon
- ☐ Pamplemousse
- ☐ Pêche
- ☐ Pomme
- ☐ Poire
- ☐ Prune
- ☐ ....
- ☐ ....
- ☐ ....
- ☐ ....

Viandes/poissons

- ☐ Bœuf
- ☐ Porc
- ☐ Volaille
- ☐ Poisson
- ☐ Crevettes
- ☐ ....
- ☐ ....
- ☐ ....
- ☐ ....
- ☐ ....

Crèmerie

- ☐ Beurre
- ☐ Crème fraîche
- ☐ Fromage
- ☐ Fromage râpé
- ☐ Lait
- ☐ Œufs
- ☐ ....
- ☐ ....
- ☐ ....

Desserts

- ☐ Compote
- ☐ Crème dessert
- ☐ Fromage blanc
- ☐ Yaourt
- ☐ ....
- ☐ ....
- ☐ ....
- ☐ ....

Apéritif

- ☐ Biscuits apéritifs
- ☐ Chips
- ☐ Saucisson
- ☐ ....
- ☐ ....
- ☐ ....
- ☐ ....
- ☐ ....

Petit déj et goûter

- ☐ Biscotte
- ☐ Biscuit
- ☐ Brioche
- ☐ Cacao
- ☐ Café
- ☐ Céréales
- ☐ Chocolat
- ☐ Confiture
- ☐ Miel
- ☐ Muesli
- ☐ Pain de mie
- ☐ Pâte à tartiner
- ☐ Thé
- ☐ ....
- ☐ ....

Bébé

- ☐ Lait
- ☐ Biscuits
- ☐ Petits pots
- ☐ Compotes
- ☐ Couches
- ☐ Eau minérale
- ☐ ....
- ☐ ....

- ☐ ....
- ☐ ....
- ☐ ....
- ☐ ....

Semaine 3

Mes menus

du .... au ....

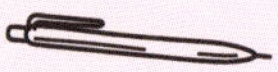

Lundi

Mardi

Mercredi

Jeudi

Vendredi

Samedi

Dimanche

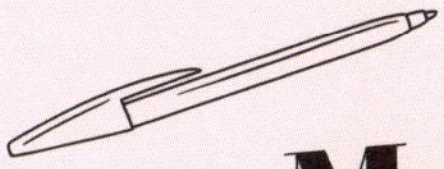

Ma liste de courses

du .... *au* ....

Légumes

☐ Ail
☐ Asperge
☐ Aubergine
☐ Betterave
☐ Brocoli
☐ Carotte
☐ Céleri
☐ Champignon
☐ Chou
☐ Chou-fleur
☐ Concombre
☐ Courge
☐ Courgette
☐ Échalote
☐ Endive
☐ Épinard
☐ Haricot
☐ Oignon
☐ Petit-pois
☐ Poireau
☐ Poivron
☐ Pomme de terre
☐ Salade
☐ Tomate
☐ ....
☐ ....
☐ ....
☐ ....
☐ ....
☐ ....
☐ ....

Fruits

☐ Abricot
☐ Banane
☐ Cerise
☐ Citron
☐ Fraise
☐ Kiwi
☐ Orange
☐ Clémentine
☐ Melon
☐ Pamplemousse
☐ Pêche
☐ Pomme
☐ Poire
☐ Prune
☐ ....
☐ ....
☐ ....
☐ ....

Viandes/poissons

☐ Bœuf
☐ Porc
☐ Volaille
☐ Poisson
☐ Crevettes
☐ ....
☐ ....
☐ ....
☐ ....
☐ ....

Crèmerie

☐ Beurre
☐ Crème fraîche
☐ Fromage
☐ Fromage râpé
☐ Lait
☐ Œufs
☐ ....
☐ ....
☐ ....

Desserts

☐ Compote
☐ Crème dessert
☐ Fromage blanc
☐ Yaourt
☐ ....
☐ ....
☐ ....
☐ ....

Apéritif

☐ Biscuits apéritifs
☐ Chips
☐ Saucisson
☐ ....
☐ ....
☐ ....
☐ ....
☐ ....

Petit déj et goûter

☐ Biscotte
☐ Biscuit
☐ Brioche
☐ Cacao
☐ Café
☐ Céréales
☐ Chocolat
☐ Confiture
☐ Miel
☐ Muesli
☐ Pain de mie
☐ Pâte à tartiner
☐ Thé
☐ ....
☐ ....

Bébé

☐ Lait
☐ Biscuits
☐ Petits pots
☐ Compotes
☐ Couches
☐ Eau minérale
☐ ....
☐ ....

☐ ....
☐ ....
☐ ....
☐ ....

Mes menus

du .... au ....

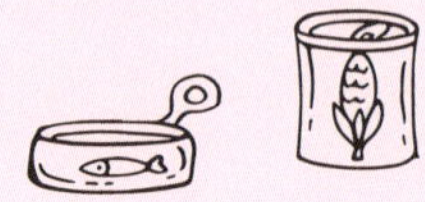

Lundi	
Mardi	
Mercredi	
Jeudi	
Vendredi	
Samedi	
Dimanche	

Ma liste de courses

du .... *au* ....

Légumes

☐ Ail
☐ Asperge
☐ Aubergine
☐ Betterave
☐ Brocoli
☐ Carotte
☐ Céleri
☐ Champignon
☐ Chou
☐ Chou-fleur
☐ Concombre
☐ Courge
☐ Courgette
☐ Échalote
☐ Endive
☐ Épinard
☐ Haricot
☐ Oignon
☐ Petit-pois
☐ Poireau
☐ Poivron
☐ Pomme de terre
☐ Salade
☐ Tomate
☐ ....
☐ ....
☐ ....
☐ ....
☐ ....
☐ ....
☐ ....

Fruits

☐ Abricot
☐ Banane
☐ Cerise
☐ Citron
☐ Fraise
☐ Kiwi
☐ Orange
☐ Clémentine
☐ Melon
☐ Pamplemousse
☐ Pêche
☐ Pomme
☐ Poire
☐ Prune
☐ ....
☐ ....
☐ ....
☐ ....

Viandes/poissons

☐ Bœuf
☐ Porc
☐ Volaille
☐ Poisson
☐ Crevettes
☐ ....
☐ ....
☐ ....
☐ ....
☐ ....

Crèmerie

☐ Beurre
☐ Crème fraîche
☐ Fromage
☐ Fromage râpé
☐ Lait
☐ Œufs
☐ ....
☐ ....
☐ ....

Desserts

☐ Compote
☐ Crème dessert
☐ Fromage blanc
☐ Yaourt
☐ ....
☐ ....
☐ ....
☐ ....

Apéritif

☐ Biscuits apéritifs
☐ Chips
☐ Saucisson
☐ ....
☐ ....
☐ ....
☐ ....
☐ ....

Petit déj et goûter

☐ Biscotte
☐ Biscuit
☐ Brioche
☐ Cacao
☐ Café
☐ Céréales
☐ Chocolat
☐ Confiture
☐ Miel
☐ Muesli
☐ Pain de mie
☐ Pâte à tartiner
☐ Thé
☐ ....
☐ ....

Bébé

☐ Lait
☐ Biscuits
☐ Petits pots
☐ Compotes
☐ Couches
☐ Eau minérale
☐ ....
☐ ....

☐ ....
☐ ....
☐ ....
☐ ....

Mes dépenses

du .... *au* ....

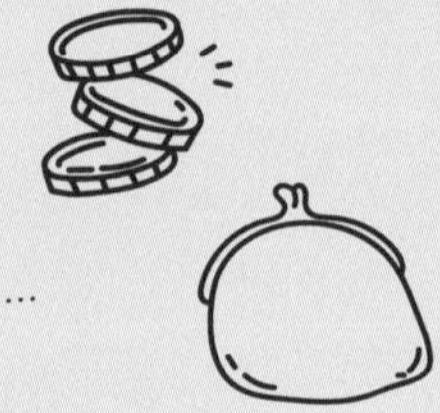

Semaine du .... *au*	
ENSEIGNE	MONTANT
TOTAL	

Semaine du .... *au*	
ENSEIGNE	MONTANT
TOTAL	

Semaine du .... au ....

ENSEIGNE	MONTANT
TOTAL	

Semaine du .... au ....

ENSEIGNE	MONTANT
TOTAL	

SEMAINES

du ....

au ....

BILAN mensuel

Budget alimentation	€
Budget hygiène	€
Budget entretien maison	€
Budget …………………………………………	€
Budget …………………………………………	€
Budget …………………………………………	€
Budget …………………………………………	€
BUDGET MENSUEL TOTAL :	€

Mon inventaire DU MOIS

Épicerie

- ❑ Boulgour
- ❑ Épeautre
- ❑ Farine
- ❑ Haricots
- ❑ Lentilles
- ❑ Pâtes
- ❑ Pois chiches
- ❑ Quinoa
- ❑ Riz
- ❑ Semoule
- ❑ ....
- ❑ ....
- ❑ ....

Petite épicerie

- ❑ Bouillon cube
- ❑ Chapelure
- ❑ Croûtons
- ❑ Fécule de maïs
- ❑ Graines
- ❑ Lait de coco
- ❑ Levure chimique
- ❑ Levure de boulanger
- ❑ Olives
- ❑ Sauce soja
- ❑ ....
- ❑ ....
- ❑ ....

Conserves

- ❑ Cornichons
- ❑ Haricots verts
- ❑ Maïs
- ❑ Olives
- ❑ Pâté
- ❑ Petits pois
- ❑ Plats cuisinés
- ❑ Sauce tomate
- ❑ Thon
- ❑ ....
- ❑ ....
- ❑ ....
- ❑ ....

Épices

- ❑ Curry
- ❑ Cannelle
- ❑ Piment
- ❑ Gingembre
- ❑ Paprika
- ❑ Cumin
- ❑ Curcuma
- ❑ ....
- ❑ ....
- ❑ ....

Condiments

- ❑ Huile
- ❑ Ketchup
- ❑ Moutarde
- ❑ Poivre
- ❑ Sel
- ❑ Vinaigre
- ❑ ....
- ❑ ....

Surgelés

- ❑ Frites
- ❑ Glaces
- ❑ Légumes
- ❑ Pizzas
- ❑ Poisson
- ❑ Viande
- ❑ ....
- ❑ ....
- ❑ ....
- ❑ ....

Maison et entretien

- ❑ Adoucissant
- ❑ Ampoules
- ❑ Bougies
- ❑ Enveloppes
- ❑ Éponge
- ❑ Essuie-tout
- ❑ Film alimentaire
- ❑ Javel
- ❑ Lessive
- ❑ Liquide vaisselle
- ❑ Pansement
- ❑ Papier aluminium
- ❑ Papier cuisson
- ❑ Papier toilette
- ❑ Piles
- ❑ Produit SDB
- ❑ Produit sol
- ❑ Produit vitres
- ❑ Produit WC
- ❑ Sacs poubelle
- ❑ Serviettes en papier
- ❑ ....
- ❑ ....
- ❑ ....
- ❑ ....
- ❑ ....
- ❑ ....
- ❑ ....
- ❑ ....

Hygiène

- ❑ Après-shampoing
- ❑ Brosse à dents
- ❑ Crème
- ❑ Cotons
- ❑ Cotons-tiges
- ❑ Démaquillant
- ❑ Dentifrice
- ❑ Déodorant
- ❑ Dissolvant
- ❑ Gel coiffant
- ❑ Gel douche
- ❑ Mouchoirs
- ❑ Mousse à raser
- ❑ Protections périodiques
- ❑ Rasoirs
- ❑ Savon
- ❑ Shampoing
- ❑ ....
- ❑ ....
- ❑ ....

Animaux

- ❑ Croquettes
- ❑ Litière
- ❑ Pâté
- ❑ Soin
- ❑ ....
- ❑ ....

Herbes

- ❑ Aneth
- ❑ Basilic
- ❑ Ciboulette
- ❑ Menthe
- ❑ Persil
- ❑ Romarin
- ❑ Sauge
- ❑ Thym
- ❑ ....
- ❑ ....
- ❑ ....
- ❑ ....

- ❑ ....
- ❑ ....
- ❑ ....
- ❑ ....
- ❑ ....
- ❑ ....
- ❑ ....
- ❑ ....
- ❑ ....
- ❑ ....
- ❑ ....
- ❑ ....
- ❑ ....
- ❑ ....

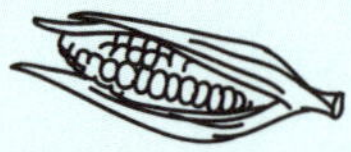

Mes menus

du .... *au* ....

Lundi	
Mardi	
Mercredi	
Jeudi	
Vendredi	
Samedi	
Dimanche	

Ma liste de courses

du .... *au* ....

Légumes

- ❑ Ail
- ❑ Asperge
- ❑ Aubergine
- ❑ Betterave
- ❑ Brocoli
- ❑ Carotte
- ❑ Céleri
- ❑ Champignon
- ❑ Chou
- ❑ Chou-fleur
- ❑ Concombre
- ❑ Courge
- ❑ Courgette
- ❑ Échalote
- ❑ Endive
- ❑ Épinard
- ❑ Haricot
- ❑ Oignon
- ❑ Petit-pois
- ❑ Poireau
- ❑ Poivron
- ❑ Pomme de terre
- ❑ Salade
- ❑ Tomate
- ❑ ....
- ❑ ....
- ❑ ....
- ❑ ....
- ❑ ....
- ❑ ....
- ❑ ....

Fruits

- ❑ Abricot
- ❑ Banane
- ❑ Cerise
- ❑ Citron
- ❑ Fraise
- ❑ Kiwi
- ❑ Orange
- ❑ Clémentine
- ❑ Melon
- ❑ Pamplemousse
- ❑ Pêche
- ❑ Pomme
- ❑ Poire
- ❑ Prune
- ❑ ....
- ❑ ....
- ❑ ....
- ❑ ....

Viandes/poissons

- ❑ Bœuf
- ❑ Porc
- ❑ Volaille
- ❑ Poisson
- ❑ Crevettes
- ❑ ....
- ❑ ....
- ❑ ....
- ❑ ....
- ❑ ....

Crèmerie

- ❑ Beurre
- ❑ Crème fraîche
- ❑ Fromage
- ❑ Fromage râpé
- ❑ Lait
- ❑ Œufs
- ❑ ....
- ❑ ....
- ❑ ....

Desserts

- ❑ Compote
- ❑ Crème dessert
- ❑ Fromage blanc
- ❑ Yaourt
- ❑ ....
- ❑ ....
- ❑ ....
- ❑ ....

Apéritif

- ❑ Biscuits apéritifs
- ❑ Chips
- ❑ Saucisson
- ❑ ....
- ❑ ....
- ❑ ....
- ❑ ....
- ❑ ....

Petit déj et goûter

- ❑ Biscotte
- ❑ Biscuit
- ❑ Brioche
- ❑ Cacao
- ❑ Café
- ❑ Céréales
- ❑ Chocolat
- ❑ Confiture
- ❑ Miel
- ❑ Muesli
- ❑ Pain de mie
- ❑ Pâte à tartiner
- ❑ Thé
- ❑ ....
- ❑ ....

Bébé

- ❑ Lait
- ❑ Biscuits
- ❑ Petits pots
- ❑ Compotes
- ❑ Couches
- ❑ Eau minérale
- ❑ ....
- ❑ ....

- ❑ ....
- ❑ ....
- ❑ ....
- ❑ ....

Semaine 2

Mes menus

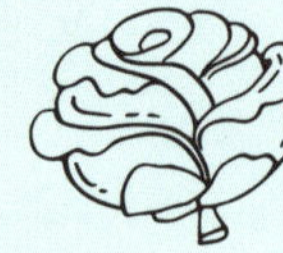

du .... au ....

Lundi	
Mardi	
Mercredi	
Jeudi	
Vendredi	
Samedi	
Dimanche	

Ma liste de courses

du .... *au* ....

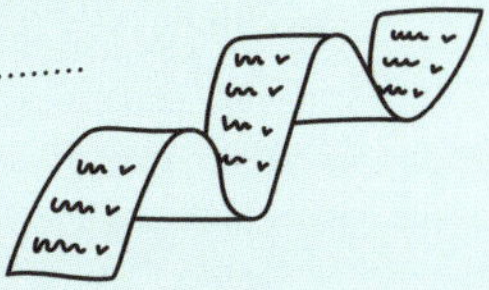

Légumes

- ☐ Ail
- ☐ Asperge
- ☐ Aubergine
- ☐ Betterave
- ☐ Brocoli
- ☐ Carotte
- ☐ Céleri
- ☐ Champignon
- ☐ Chou
- ☐ Chou-fleur
- ☐ Concombre
- ☐ Courge
- ☐ Courgette
- ☐ Échalote
- ☐ Endive
- ☐ Épinard
- ☐ Haricot
- ☐ Oignon
- ☐ Petit-pois
- ☐ Poireau
- ☐ Poivron
- ☐ Pomme de terre
- ☐ Salade
- ☐ Tomate
- ☐ ....
- ☐ ....
- ☐ ....
- ☐ ....
- ☐ ....
- ☐ ....
- ☐ ....

Fruits

- ☐ Abricot
- ☐ Banane
- ☐ Cerise
- ☐ Citron
- ☐ Fraise
- ☐ Kiwi
- ☐ Orange
- ☐ Clémentine
- ☐ Melon
- ☐ Pamplemousse
- ☐ Pêche
- ☐ Pomme
- ☐ Poire
- ☐ Prune
- ☐ ....
- ☐ ....
- ☐ ....
- ☐ ....

Viandes/poissons

- ☐ Bœuf
- ☐ Porc
- ☐ Volaille
- ☐ Poisson
- ☐ Crevettes
- ☐ ....
- ☐ ....
- ☐ ....
- ☐ ....
- ☐ ....

Crèmerie

- ☐ Beurre
- ☐ Crème fraîche
- ☐ Fromage
- ☐ Fromage râpé
- ☐ Lait
- ☐ Œufs
- ☐ ....
- ☐ ....
- ☐ ....

Desserts

- ☐ Compote
- ☐ Crème dessert
- ☐ Fromage blanc
- ☐ Yaourt
- ☐ ....
- ☐ ....
- ☐ ....
- ☐ ....

Apéritif

- ☐ Biscuits apéritifs
- ☐ Chips
- ☐ Saucisson
- ☐ ....
- ☐ ....
- ☐ ....
- ☐ ....
- ☐ ....

Petit déj et goûter

- ☐ Biscotte
- ☐ Biscuit
- ☐ Brioche
- ☐ Cacao
- ☐ Café
- ☐ Céréales
- ☐ Chocolat
- ☐ Confiture
- ☐ Miel
- ☐ Muesli
- ☐ Pain de mie
- ☐ Pâte à tartiner
- ☐ Thé
- ☐ ....
- ☐ ....

Bébé

- ☐ Lait
- ☐ Biscuits
- ☐ Petits pots
- ☐ Compotes
- ☐ Couches
- ☐ Eau minérale
- ☐ ....
- ☐ ....

- ☐ ....
- ☐ ....
- ☐ ....
- ☐ ....

Semaine 3

Mes menus

du .... au ....

Lundi	....
Mardi	....
Mercredi	....
Jeudi	....
Vendredi	....
Samedi	....
Dimanche	....

Ma liste de courses

du .... *au* ....

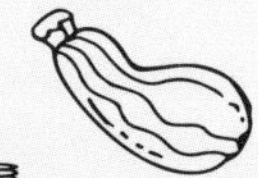

Légumes

- ☐ Ail
- ☐ Asperge
- ☐ Aubergine
- ☐ Betterave
- ☐ Brocoli
- ☐ Carotte
- ☐ Céleri
- ☐ Champignon
- ☐ Chou
- ☐ Chou-fleur
- ☐ Concombre
- ☐ Courge
- ☐ Courgette
- ☐ Échalote
- ☐ Endive
- ☐ Épinard
- ☐ Haricot
- ☐ Oignon
- ☐ Petit-pois
- ☐ Poireau
- ☐ Poivron
- ☐ Pomme de terre
- ☐ Salade
- ☐ Tomate
- ☐ ....
- ☐ ....
- ☐ ....
- ☐ ....
- ☐ ....
- ☐ ....
- ☐ ....

Fruits

- ☐ Abricot
- ☐ Banane
- ☐ Cerise
- ☐ Citron
- ☐ Fraise
- ☐ Kiwi
- ☐ Orange
- ☐ Clémentine
- ☐ Melon
- ☐ Pamplemousse
- ☐ Pêche
- ☐ Pomme
- ☐ Poire
- ☐ Prune
- ☐ ....
- ☐ ....
- ☐ ....
- ☐ ....

Viandes/poissons

- ☐ Bœuf
- ☐ Porc
- ☐ Volaille
- ☐ Poisson
- ☐ Crevettes
- ☐ ....
- ☐ ....
- ☐ ....
- ☐ ....
- ☐ ....

Crèmerie

- ☐ Beurre
- ☐ Crème fraîche
- ☐ Fromage
- ☐ Fromage râpé
- ☐ Lait
- ☐ Œufs
- ☐ ....
- ☐ ....
- ☐ ....

Desserts

- ☐ Compote
- ☐ Crème dessert
- ☐ Fromage blanc
- ☐ Yaourt
- ☐ ....
- ☐ ....
- ☐ ....
- ☐ ....

Apéritif

- ☐ Biscuits apéritifs
- ☐ Chips
- ☐ Saucisson
- ☐ ....
- ☐ ....
- ☐ ....
- ☐ ....
- ☐ ....

Petit déj et goûter

- ☐ Biscotte
- ☐ Biscuit
- ☐ Brioche
- ☐ Cacao
- ☐ Café
- ☐ Céréales
- ☐ Chocolat
- ☐ Confiture
- ☐ Miel
- ☐ Muesli
- ☐ Pain de mie
- ☐ Pâte à tartiner
- ☐ Thé
- ☐ ....
- ☐ ....

Bébé

- ☐ Lait
- ☐ Biscuits
- ☐ Petits pots
- ☐ Compotes
- ☐ Couches
- ☐ Eau minérale
- ☐ ....
- ☐ ....

- ☐ ....
- ☐ ....
- ☐ ....
- ☐ ....

Mes menus

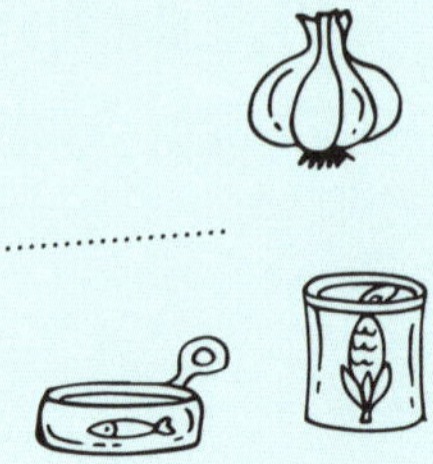

du .... au ....

Lundi	
Mardi	
Mercredi	
Jeudi	
Vendredi	
Samedi	
Dimanche	

Ma liste de courses

du .... au ....

Légumes

- ❑ Ail
- ❑ Asperge
- ❑ Aubergine
- ❑ Betterave
- ❑ Brocoli
- ❑ Carotte
- ❑ Céleri
- ❑ Champignon
- ❑ Chou
- ❑ Chou-fleur
- ❑ Concombre
- ❑ Courge
- ❑ Courgette
- ❑ Échalote
- ❑ Endive
- ❑ Épinard
- ❑ Haricot
- ❑ Oignon
- ❑ Petit-pois
- ❑ Poireau
- ❑ Poivron
- ❑ Pomme de terre
- ❑ Salade
- ❑ Tomate
- ❑ ....
- ❑ ....
- ❑ ....
- ❑ ....
- ❑ ....
- ❑ ....
- ❑ ....

Fruits

- ❑ Abricot
- ❑ Banane
- ❑ Cerise
- ❑ Citron
- ❑ Fraise
- ❑ Kiwi
- ❑ Orange
- ❑ Clémentine
- ❑ Melon
- ❑ Pamplemousse
- ❑ Pêche
- ❑ Pomme
- ❑ Poire
- ❑ Prune
- ❑ ....
- ❑ ....
- ❑ ....
- ❑ ....

Viandes/poissons

- ❑ Bœuf
- ❑ Porc
- ❑ Volaille
- ❑ Poisson
- ❑ Crevettes
- ❑ ....
- ❑ ....
- ❑ ....
- ❑ ....
- ❑ ....

Crèmerie

- ❑ Beurre
- ❑ Crème fraîche
- ❑ Fromage
- ❑ Fromage râpé
- ❑ Lait
- ❑ Œufs
- ❑ ....
- ❑ ....
- ❑ ....

Desserts

- ❑ Compote
- ❑ Crème dessert
- ❑ Fromage blanc
- ❑ Yaourt
- ❑ ....
- ❑ ....
- ❑ ....
- ❑ ....

Apéritif

- ❑ Biscuits apéritifs
- ❑ Chips
- ❑ Saucisson
- ❑ ....
- ❑ ....
- ❑ ....
- ❑ ....
- ❑ ....

Petit déj et goûter

- ❑ Biscotte
- ❑ Biscuit
- ❑ Brioche
- ❑ Cacao
- ❑ Café
- ❑ Céréales
- ❑ Chocolat
- ❑ Confiture
- ❑ Miel
- ❑ Muesli
- ❑ Pain de mie
- ❑ Pâte à tartiner
- ❑ Thé
- ❑ ....
- ❑ ....

Bébé

- ❑ Lait
- ❑ Biscuits
- ❑ Petits pots
- ❑ Compotes
- ❑ Couches
- ❑ Eau minérale
- ❑ ....
- ❑ ....

- ❑ ....
- ❑ ....
- ❑ ....
- ❑ ....

Mes dépenses

du .... *au* ....

Semaine du .... *au* ....

ENSEIGNE	MONTANT
TOTAL	

Semaine du .... *au* ....

ENSEIGNE	MONTANT
TOTAL	

3 *Semaine du* .... *au* ....

ENSEIGNE	MONTANT
TOTAL	

4 *Semaine du* .... *au* ....

ENSEIGNE	MONTANT
TOTAL	

SEMAINES

du ....

au ....

BILAN mensuel

Budget alimentation	€
Budget hygiène	€
Budget entretien maison	€
Budget	€
Budget	€
Budget	€
Budget	€
BUDGET MENSUEL TOTAL :	€

Mon inventaire DU MOIS

Épicerie

- ❑ Boulgour
- ❑ Épeautre
- ❑ Farine
- ❑ Haricots
- ❑ Lentilles
- ❑ Pâtes
- ❑ Pois chiches
- ❑ Quinoa
- ❑ Riz
- ❑ Semoule
- ❑ ....
- ❑ ....
- ❑ ....

Petite épicerie

- ❑ Bouillon cube
- ❑ Chapelure
- ❑ Croûtons
- ❑ Fécule de maïs
- ❑ Graines
- ❑ Lait de coco
- ❑ Levure chimique
- ❑ Levure de boulanger
- ❑ Olives
- ❑ Sauce soja
- ❑ ....
- ❑ ....
- ❑ ....

Conserves

- ❑ Cornichons
- ❑ Haricots verts
- ❑ Maïs
- ❑ Olives
- ❑ Pâté
- ❑ Petits pois
- ❑ Plats cuisinés
- ❑ Sauce tomate
- ❑ Thon
- ❑ ....
- ❑ ....
- ❑ ....
- ❑ ....

Épices

- ❑ Curry
- ❑ Cannelle
- ❑ Piment
- ❑ Gingembre
- ❑ Paprika
- ❑ Cumin
- ❑ Curcuma
- ❑ ....
- ❑ ....
- ❑ ....

Condiments

- ❑ Huile
- ❑ Ketchup
- ❑ Moutarde
- ❑ Poivre
- ❑ Sel
- ❑ Vinaigre
- ❑ ....
- ❑ ....

Surgelés

- ❑ Frites
- ❑ Glaces
- ❑ Légumes
- ❑ Pizzas
- ❑ Poisson
- ❑ Viande
- ❑ ....
- ❑ ....
- ❑ ....
- ❑ ....

Maison et entretien

- ☐ Adoucissant
- ☐ Ampoules
- ☐ Bougies
- ☐ Enveloppes
- ☐ Éponge
- ☐ Essuie-tout
- ☐ Film alimentaire
- ☐ Javel
- ☐ Lessive
- ☐ Liquide vaisselle
- ☐ Pansement
- ☐ Papier aluminium
- ☐ Papier cuisson
- ☐ Papier toilette
- ☐ Piles
- ☐ Produit SDB
- ☐ Produit sol
- ☐ Produit vitres
- ☐ Produit WC
- ☐ Sacs poubelle
- ☐ Serviettes en papier
- ☐ ....
- ☐ ....
- ☐ ....
- ☐ ....
- ☐ ....
- ☐ ....
- ☐ ....
- ☐ ....

Hygiène

- ☐ Après-shampoing
- ☐ Brosse à dents
- ☐ Crème
- ☐ Cotons
- ☐ Cotons-tiges
- ☐ Démaquillant
- ☐ Dentifrice
- ☐ Déodorant
- ☐ Dissolvant
- ☐ Gel coiffant
- ☐ Gel douche
- ☐ Mouchoirs
- ☐ Mousse à raser
- ☐ Protections périodiques
- ☐ Rasoirs
- ☐ Savon
- ☐ Shampoing
- ☐ ....
- ☐ ....
- ☐ ....

Animaux

- ☐ Croquettes
- ☐ Litière
- ☐ Pâté
- ☐ Soin
- ☐ ....
- ☐ ....

Herbes

- ☐ Aneth
- ☐ Basilic
- ☐ Ciboulette
- ☐ Menthe
- ☐ Persil
- ☐ Romarin
- ☐ Sauge
- ☐ Thym
- ☐ ....
- ☐ ....
- ☐ ....
- ☐ ....

- ☐ ....
- ☐ ....
- ☐ ....
- ☐ ....
- ☐ ....
- ☐ ....
- ☐ ....
- ☐ ....
- ☐ ....
- ☐ ....
- ☐ ....
- ☐ ....
- ☐ ....
- ☐ ....

SEMAINE 1

Mes menus

du .... au ....

Lundi	
Mardi	
Mercredi	
Jeudi	
Vendredi	
Samedi	
Dimanche	

Ma liste de courses

du .... *au* ....

Légumes

❑ Ail
❑ Asperge
❑ Aubergine
❑ Betterave
❑ Brocoli
❑ Carotte
❑ Céleri
❑ Champignon
❑ Chou
❑ Chou-fleur
❑ Concombre
❑ Courge
❑ Courgette
❑ Échalote
❑ Endive
❑ Épinard
❑ Haricot
❑ Oignon
❑ Petit-pois
❑ Poireau
❑ Poivron
❑ Pomme de terre
❑ Salade
❑ Tomate
❑ ....
❑ ....
❑ ....
❑ ....
❑ ....
❑ ....
❑ ....

Fruits

❑ Abricot
❑ Banane
❑ Cerise
❑ Citron
❑ Fraise
❑ Kiwi
❑ Orange
❑ Clémentine
❑ Melon
❑ Pamplemousse
❑ Pêche
❑ Pomme
❑ Poire
❑ Prune
❑ ....
❑ ....
❑ ....
❑ ....

Viandes/poissons

❑ Bœuf
❑ Porc
❑ Volaille
❑ Poisson
❑ Crevettes
❑ ....
❑ ....
❑ ....
❑ ....
❑ ....

Crèmerie

❑ Beurre
❑ Crème fraîche
❑ Fromage
❑ Fromage râpé
❑ Lait
❑ Œufs
❑ ....
❑ ....
❑ ....

Desserts

❑ Compote
❑ Crème dessert
❑ Fromage blanc
❑ Yaourt
❑ ....
❑ ....
❑ ....
❑ ....

Apéritif

❑ Biscuits apéritifs
❑ Chips
❑ Saucisson
❑ ....
❑ ....
❑ ....
❑ ....
❑ ....

Petit déj et goûter

❑ Biscotte
❑ Biscuit
❑ Brioche
❑ Cacao
❑ Café
❑ Céréales
❑ Chocolat
❑ Confiture
❑ Miel
❑ Muesli
❑ Pain de mie
❑ Pâte à tartiner
❑ Thé
❑ ....
❑ ....

Bébé

❑ Lait
❑ Biscuits
❑ Petits pots
❑ Compotes
❑ Couches
❑ Eau minérale
❑ ....
❑ ....

❑ ....
❑ ....
❑ ....
❑ ....

Mes menus

du .... au ....

Lundi

Mardi

Mercredi

Jeudi

Vendredi

Samedi

Dimanche

Ma liste de courses

du .... *au* ....

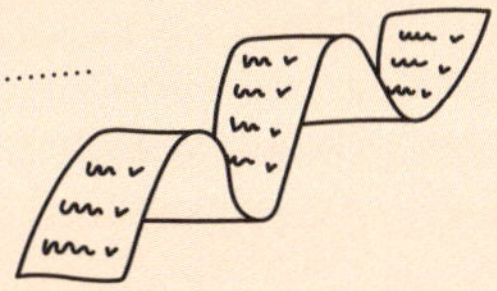

Légumes

❑ Ail
❑ Asperge
❑ Aubergine
❑ Betterave
❑ Brocoli
❑ Carotte
❑ Céleri
❑ Champignon
❑ Chou
❑ Chou-fleur
❑ Concombre
❑ Courge
❑ Courgette
❑ Échalote
❑ Endive
❑ Épinard
❑ Haricot
❑ Oignon
❑ Petit-pois
❑ Poireau
❑ Poivron
❑ Pomme de terre
❑ Salade
❑ Tomate
❑ ....
❑ ....
❑ ....
❑ ....
❑ ....
❑ ....
❑ ....

Fruits

❑ Abricot
❑ Banane
❑ Cerise
❑ Citron
❑ Fraise
❑ Kiwi
❑ Orange
❑ Clémentine
❑ Melon
❑ Pamplemousse
❑ Pêche
❑ Pomme
❑ Poire
❑ Prune
❑ ....
❑ ....
❑ ....
❑ ....

Viandes/poissons

❑ Bœuf
❑ Porc
❑ Volaille
❑ Poisson
❑ Crevettes
❑ ....
❑ ....
❑ ....
❑ ....
❑ ....

Crèmerie

❑ Beurre
❑ Crème fraîche
❑ Fromage
❑ Fromage râpé
❑ Lait
❑ Œufs
❑ ....
❑ ....
❑ ....

Desserts

❑ Compote
❑ Crème dessert
❑ Fromage blanc
❑ Yaourt
❑ ....
❑ ....
❑ ....
❑ ....

Apéritif

❑ Biscuits apéritifs
❑ Chips
❑ Saucisson
❑ ....
❑ ....
❑ ....
❑ ....
❑ ....

Petit déj et goûter

❑ Biscotte
❑ Biscuit
❑ Brioche
❑ Cacao
❑ Café
❑ Céréales
❑ Chocolat
❑ Confiture
❑ Miel
❑ Muesli
❑ Pain de mie
❑ Pâte à tartiner
❑ Thé
❑ ....
❑ ....

Bébé

❑ Lait
❑ Biscuits
❑ Petits pots
❑ Compotes
❑ Couches
❑ Eau minérale
❑ ....
❑ ....

❑ ....
❑ ....
❑ ....
❑ ....

SEMAINE 3

Mes menus

du .... au ....

Lundi

Mardi

Mercredi

Jeudi

Vendredi

Samedi

Dimanche

Ma liste de courses

du .... *au* ....

Légumes

❑ Ail
❑ Asperge
❑ Aubergine
❑ Betterave
❑ Brocoli
❑ Carotte
❑ Céleri
❑ Champignon
❑ Chou
❑ Chou-fleur
❑ Concombre
❑ Courge
❑ Courgette
❑ Échalote
❑ Endive
❑ Épinard
❑ Haricot
❑ Oignon
❑ Petit-pois
❑ Poireau
❑ Poivron
❑ Pomme de terre
❑ Salade
❑ Tomate
❑ ....
❑ ....
❑ ....
❑ ....
❑ ....
❑ ....
❑ ....

Fruits

❑ Abricot
❑ Banane
❑ Cerise
❑ Citron
❑ Fraise
❑ Kiwi
❑ Orange
❑ Clémentine
❑ Melon
❑ Pamplemousse
❑ Pêche
❑ Pomme
❑ Poire
❑ Prune
❑ ....
❑ ....
❑ ....
❑ ....

Viandes/poissons

❑ Bœuf
❑ Porc
❑ Volaille
❑ Poisson
❑ Crevettes
❑ ....
❑ ....
❑ ....
❑ ....
❑ ....

Crèmerie

❑ Beurre
❑ Crème fraîche
❑ Fromage
❑ Fromage râpé
❑ Lait
❑ Œufs
❑ ....
❑ ....
❑ ....

Desserts

❑ Compote
❑ Crème dessert
❑ Fromage blanc
❑ Yaourt
❑ ....
❑ ....
❑ ....
❑ ....

Apéritif

❑ Biscuits apéritifs
❑ Chips
❑ Saucisson
❑ ....
❑ ....
❑ ....
❑ ....
❑ ....

Petit déj et goûter

❑ Biscotte
❑ Biscuit
❑ Brioche
❑ Cacao
❑ Café
❑ Céréales
❑ Chocolat
❑ Confiture
❑ Miel
❑ Muesli
❑ Pain de mie
❑ Pâte à tartiner
❑ Thé
❑ ....
❑ ....

Bébé

❑ Lait
❑ Biscuits
❑ Petits pots
❑ Compotes
❑ Couches
❑ Eau minérale
❑ ....
❑ ....

❑ ....
❑ ....
❑ ....
❑ ....

Semaine 4

Mes menus

du .... au ....

Lundi	
Mardi	
Mercredi	
Jeudi	
Vendredi	
Samedi	
Dimanche	

Ma liste de courses

du .... au ....

Légumes

- ☐ Ail
- ☐ Asperge
- ☐ Aubergine
- ☐ Betterave
- ☐ Brocoli
- ☐ Carotte
- ☐ Céleri
- ☐ Champignon
- ☐ Chou
- ☐ Chou-fleur
- ☐ Concombre
- ☐ Courge
- ☐ Courgette
- ☐ Échalote
- ☐ Endive
- ☐ Épinard
- ☐ Haricot
- ☐ Oignon
- ☐ Petit-pois
- ☐ Poireau
- ☐ Poivron
- ☐ Pomme de terre
- ☐ Salade
- ☐ Tomate
- ☐ ....
- ☐ ....
- ☐ ....
- ☐ ....
- ☐ ....
- ☐ ....
- ☐ ....

Fruits

- ☐ Abricot
- ☐ Banane
- ☐ Cerise
- ☐ Citron
- ☐ Fraise
- ☐ Kiwi
- ☐ Orange
- ☐ Clémentine
- ☐ Melon
- ☐ Pamplemousse
- ☐ Pêche
- ☐ Pomme
- ☐ Poire
- ☐ Prune
- ☐ ....
- ☐ ....
- ☐ ....
- ☐ ....

Viandes/poissons

- ☐ Bœuf
- ☐ Porc
- ☐ Volaille
- ☐ Poisson
- ☐ Crevettes
- ☐ ....
- ☐ ....
- ☐ ....
- ☐ ....
- ☐ ....

Crèmerie

- ☐ Beurre
- ☐ Crème fraîche
- ☐ Fromage
- ☐ Fromage râpé
- ☐ Lait
- ☐ Œufs
- ☐ ....
- ☐ ....
- ☐ ....

Desserts

- ☐ Compote
- ☐ Crème dessert
- ☐ Fromage blanc
- ☐ Yaourt
- ☐ ....
- ☐ ....
- ☐ ....
- ☐ ....

Apéritif

- ☐ Biscuits apéritifs
- ☐ Chips
- ☐ Saucisson
- ☐ ....
- ☐ ....
- ☐ ....
- ☐ ....
- ☐ ....

Petit déj et goûter

- ☐ Biscotte
- ☐ Biscuit
- ☐ Brioche
- ☐ Cacao
- ☐ Café
- ☐ Céréales
- ☐ Chocolat
- ☐ Confiture
- ☐ Miel
- ☐ Muesli
- ☐ Pain de mie
- ☐ Pâte à tartiner
- ☐ Thé
- ☐ ....
- ☐ ....

Bébé

- ☐ Lait
- ☐ Biscuits
- ☐ Petits pots
- ☐ Compotes
- ☐ Couches
- ☐ Eau minérale
- ☐ ....
- ☐ ....

- ☐ ....
- ☐ ....
- ☐ ....
- ☐ ....

Mes dépenses

du .... *au* ....

1 — *Semaine du* .... *au* ....

ENSEIGNE	MONTANT
TOTAL	

2 — *Semaine du* .... *au* ....

ENSEIGNE	MONTANT
TOTAL	

3 *Semaine du* .... *au* ....

ENSEIGNE	MONTANT
TOTAL	

4 *Semaine du* .... *au* ....

ENSEIGNE	MONTANT
TOTAL	

SEMAINES

du ....

au ....

BILAN mensuel

Budget alimentation	€
Budget hygiène	€
Budget entretien maison	€
Budget	€
Budget	€
Budget	€
Budget	€
BUDGET MENSUEL TOTAL :	€

Mon inventaire DU MOIS

Épicerie

- ❑ Boulgour
- ❑ Épeautre
- ❑ Farine
- ❑ Haricots
- ❑ Lentilles
- ❑ Pâtes
- ❑ Pois chiches
- ❑ Quinoa
- ❑ Riz
- ❑ Semoule
- ❑ ....
- ❑ ....
- ❑ ....

Petite épicerie

- ❑ Bouillon cube
- ❑ Chapelure
- ❑ Croûtons
- ❑ Fécule de maïs
- ❑ Graines
- ❑ Lait de coco
- ❑ Levure chimique
- ❑ Levure de boulanger
- ❑ Olives
- ❑ Sauce soja
- ❑ ....
- ❑ ....
- ❑ ....

Conserves

- ❑ Cornichons
- ❑ Haricots verts
- ❑ Maïs
- ❑ Olives
- ❑ Pâté
- ❑ Petits pois
- ❑ Plats cuisinés
- ❑ Sauce tomate
- ❑ Thon
- ❑ ....
- ❑ ....
- ❑ ....
- ❑ ....

Épices

- ❑ Curry
- ❑ Cannelle
- ❑ Piment
- ❑ Gingembre
- ❑ Paprika
- ❑ Cumin
- ❑ Curcuma
- ❑ ....
- ❑ ....
- ❑ ....

Condiments

- ❑ Huile
- ❑ Ketchup
- ❑ Moutarde
- ❑ Poivre
- ❑ Sel
- ❑ Vinaigre
- ❑ ....
- ❑ ....

Surgelés

- ❑ Frites
- ❑ Glaces
- ❑ Légumes
- ❑ Pizzas
- ❑ Poisson
- ❑ Viande
- ❑ ....
- ❑ ....
- ❑ ....
- ❑ ....

Maison et entretien

- ❑ Adoucissant
- ❑ Ampoules
- ❑ Bougies
- ❑ Enveloppes
- ❑ Éponge
- ❑ Essuie-tout
- ❑ Film alimentaire
- ❑ Javel
- ❑ Lessive
- ❑ Liquide vaisselle
- ❑ Pansement
- ❑ Papier aluminium
- ❑ Papier cuisson
- ❑ Papier toilette
- ❑ Piles
- ❑ Produit SDB
- ❑ Produit sol
- ❑ Produit vitres
- ❑ Produit WC
- ❑ Sacs poubelle
- ❑ Serviettes en papier
- ❑ ....
- ❑ ....
- ❑ ....
- ❑ ....
- ❑ ....
- ❑ ....
- ❑ ....
- ❑ ....

Hygiène

- ❑ Après-shampoing
- ❑ Brosse à dents
- ❑ Crème
- ❑ Cotons
- ❑ Cotons-tiges
- ❑ Démaquillant
- ❑ Dentifrice
- ❑ Déodorant
- ❑ Dissolvant
- ❑ Gel coiffant
- ❑ Gel douche
- ❑ Mouchoirs
- ❑ Mousse à raser
- ❑ Protections périodiques
- ❑ Rasoirs
- ❑ Savon
- ❑ Shampoing
- ❑ ....
- ❑ ....
- ❑ ....

Animaux

- ❑ Croquettes
- ❑ Litière
- ❑ Pâté
- ❑ Soin
- ❑ ....
- ❑ ....

Herbes

- ❑ Aneth
- ❑ Basilic
- ❑ Ciboulette
- ❑ Menthe
- ❑ Persil
- ❑ Romarin
- ❑ Sauge
- ❑ Thym
- ❑ ....
- ❑ ....
- ❑ ....
- ❑ ....

- ❑ ....
- ❑ ....
- ❑ ....
- ❑ ....
- ❑ ....
- ❑ ....
- ❑ ....
- ❑ ....
- ❑ ....
- ❑ ....
- ❑ ....
- ❑ ....
- ❑ ....
- ❑ ....

SEMAINE 1

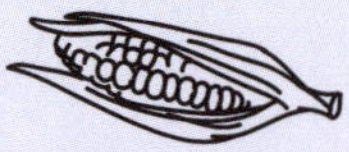

Mes menus

du .... au ....

Lundi	....
Mardi	....
Mercredi	....
Jeudi	....
Vendredi	....
Samedi	....
Dimanche	....

Ma liste de courses

du .... *au* ....

Légumes

- ❑ Ail
- ❑ Asperge
- ❑ Aubergine
- ❑ Betterave
- ❑ Brocoli
- ❑ Carotte
- ❑ Céleri
- ❑ Champignon
- ❑ Chou
- ❑ Chou-fleur
- ❑ Concombre
- ❑ Courge
- ❑ Courgette
- ❑ Échalote
- ❑ Endive
- ❑ Épinard
- ❑ Haricot
- ❑ Oignon
- ❑ Petit-pois
- ❑ Poireau
- ❑ Poivron
- ❑ Pomme de terre
- ❑ Salade
- ❑ Tomate
- ❑ ....
- ❑ ....
- ❑ ....
- ❑ ....
- ❑ ....
- ❑ ....
- ❑ ....

Fruits

- ❑ Abricot
- ❑ Banane
- ❑ Cerise
- ❑ Citron
- ❑ Fraise
- ❑ Kiwi
- ❑ Orange
- ❑ Clémentine
- ❑ Melon
- ❑ Pamplemousse
- ❑ Pêche
- ❑ Pomme
- ❑ Poire
- ❑ Prune
- ❑ ....
- ❑ ....
- ❑ ....
- ❑ ....

Viandes/poissons

- ❑ Bœuf
- ❑ Porc
- ❑ Volaille
- ❑ Poisson
- ❑ Crevettes
- ❑ ....
- ❑ ....
- ❑ ....
- ❑ ....
- ❑ ....

Crèmerie

- ❑ Beurre
- ❑ Crème fraîche
- ❑ Fromage
- ❑ Fromage râpé
- ❑ Lait
- ❑ Œufs
- ❑ ....
- ❑ ....
- ❑ ....

Desserts

- ❑ Compote
- ❑ Crème dessert
- ❑ Fromage blanc
- ❑ Yaourt
- ❑ ....
- ❑ ....
- ❑ ....
- ❑ ....

Apéritif

- ❑ Biscuits apéritifs
- ❑ Chips
- ❑ Saucisson
- ❑ ....
- ❑ ....
- ❑ ....
- ❑ ....
- ❑ ....

Petit déj et goûter

- ❑ Biscotte
- ❑ Biscuit
- ❑ Brioche
- ❑ Cacao
- ❑ Café
- ❑ Céréales
- ❑ Chocolat
- ❑ Confiture
- ❑ Miel
- ❑ Muesli
- ❑ Pain de mie
- ❑ Pâte à tartiner
- ❑ Thé
- ❑ ....
- ❑ ....

Bébé

- ❑ Lait
- ❑ Biscuits
- ❑ Petits pots
- ❑ Compotes
- ❑ Couches
- ❑ Eau minérale
- ❑ ....
- ❑ ....

- ❑ ....
- ❑ ....
- ❑ ....
- ❑ ....

Mes menus

du .... *au* ....

Lundi

Mardi

Mercredi

Jeudi

Vendredi

Samedi

Dimanche

Ma liste de courses

du .... *au* ....

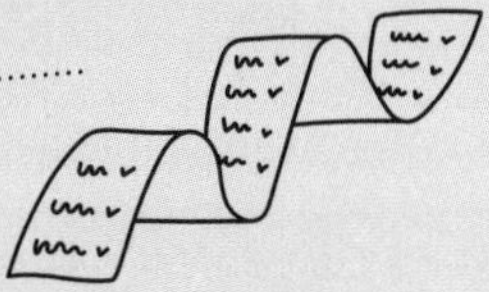

Légumes

- ☐ Ail
- ☐ Asperge
- ☐ Aubergine
- ☐ Betterave
- ☐ Brocoli
- ☐ Carotte
- ☐ Céleri
- ☐ Champignon
- ☐ Chou
- ☐ Chou-fleur
- ☐ Concombre
- ☐ Courge
- ☐ Courgette
- ☐ Échalote
- ☐ Endive
- ☐ Épinard
- ☐ Haricot
- ☐ Oignon
- ☐ Petit-pois
- ☐ Poireau
- ☐ Poivron
- ☐ Pomme de terre
- ☐ Salade
- ☐ Tomate
- ☐ ....
- ☐ ....
- ☐ ....
- ☐ ....
- ☐ ....
- ☐ ....
- ☐ ....

Fruits

- ☐ Abricot
- ☐ Banane
- ☐ Cerise
- ☐ Citron
- ☐ Fraise
- ☐ Kiwi
- ☐ Orange
- ☐ Clémentine
- ☐ Melon
- ☐ Pamplemousse
- ☐ Pêche
- ☐ Pomme
- ☐ Poire
- ☐ Prune
- ☐ ....
- ☐ ....
- ☐ ....
- ☐ ....

Viandes/poissons

- ☐ Bœuf
- ☐ Porc
- ☐ Volaille
- ☐ Poisson
- ☐ Crevettes
- ☐ ....
- ☐ ....
- ☐ ....
- ☐ ....
- ☐ ....

Crèmerie

- ☐ Beurre
- ☐ Crème fraîche
- ☐ Fromage
- ☐ Fromage râpé
- ☐ Lait
- ☐ Œufs
- ☐ ....
- ☐ ....
- ☐ ....

Desserts

- ☐ Compote
- ☐ Crème dessert
- ☐ Fromage blanc
- ☐ Yaourt
- ☐ ....
- ☐ ....
- ☐ ....
- ☐ ....

Apéritif

- ☐ Biscuits apéritifs
- ☐ Chips
- ☐ Saucisson
- ☐ ....
- ☐ ....
- ☐ ....
- ☐ ....
- ☐ ....

Petit déj et goûter

- ☐ Biscotte
- ☐ Biscuit
- ☐ Brioche
- ☐ Cacao
- ☐ Café
- ☐ Céréales
- ☐ Chocolat
- ☐ Confiture
- ☐ Miel
- ☐ Muesli
- ☐ Pain de mie
- ☐ Pâte à tartiner
- ☐ Thé
- ☐ ....
- ☐ ....

Bébé

- ☐ Lait
- ☐ Biscuits
- ☐ Petits pots
- ☐ Compotes
- ☐ Couches
- ☐ Eau minérale
- ☐ ....
- ☐ ....

- ☐ ....
- ☐ ....
- ☐ ....
- ☐ ....

Semaine 3

Mes menus

du .... au ....

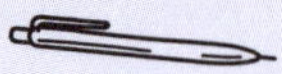

Lundi	
Mardi	
Mercredi	
Jeudi	
Vendredi	
Samedi	
Dimanche	

Ma liste de courses

du .... *au* ....

Légumes

- [ ] Ail
- [ ] Asperge
- [ ] Aubergine
- [ ] Betterave
- [ ] Brocoli
- [ ] Carotte
- [ ] Céleri
- [ ] Champignon
- [ ] Chou
- [ ] Chou-fleur
- [ ] Concombre
- [ ] Courge
- [ ] Courgette
- [ ] Échalote
- [ ] Endive
- [ ] Épinard
- [ ] Haricot
- [ ] Oignon
- [ ] Petit-pois
- [ ] Poireau
- [ ] Poivron
- [ ] Pomme de terre
- [ ] Salade
- [ ] Tomate
- [ ] ....
- [ ] ....
- [ ] ....
- [ ] ....
- [ ] ....
- [ ] ....
- [ ] ....

Fruits

- [ ] Abricot
- [ ] Banane
- [ ] Cerise
- [ ] Citron
- [ ] Fraise
- [ ] Kiwi
- [ ] Orange
- [ ] Clémentine
- [ ] Melon
- [ ] Pamplemousse
- [ ] Pêche
- [ ] Pomme
- [ ] Poire
- [ ] Prune
- [ ] ....
- [ ] ....
- [ ] ....
- [ ] ....

Viandes/poissons

- [ ] Bœuf
- [ ] Porc
- [ ] Volaille
- [ ] Poisson
- [ ] Crevettes
- [ ] ....
- [ ] ....
- [ ] ....
- [ ] ....
- [ ] ....

Crèmerie

- [ ] Beurre
- [ ] Crème fraîche
- [ ] Fromage
- [ ] Fromage râpé
- [ ] Lait
- [ ] Œufs
- [ ] ....
- [ ] ....
- [ ] ....

Desserts

- [ ] Compote
- [ ] Crème dessert
- [ ] Fromage blanc
- [ ] Yaourt
- [ ] ....
- [ ] ....
- [ ] ....
- [ ] ....

Apéritif

- [ ] Biscuits apéritifs
- [ ] Chips
- [ ] Saucisson
- [ ] ....
- [ ] ....
- [ ] ....
- [ ] ....
- [ ] ....

Petit déj et goûter

- [ ] Biscotte
- [ ] Biscuit
- [ ] Brioche
- [ ] Cacao
- [ ] Café
- [ ] Céréales
- [ ] Chocolat
- [ ] Confiture
- [ ] Miel
- [ ] Muesli
- [ ] Pain de mie
- [ ] Pâte à tartiner
- [ ] Thé
- [ ] ....
- [ ] ....

Bébé

- [ ] Lait
- [ ] Biscuits
- [ ] Petits pots
- [ ] Compotes
- [ ] Couches
- [ ] Eau minérale
- [ ] ....
- [ ] ....

- [ ] ....
- [ ] ....
- [ ] ....
- [ ] ....

Mes menus

du .... *au* ....

Lundi

Mardi

Mercredi

Jeudi

Vendredi

Samedi

Dimanche

Ma liste de courses

du .... *au* ....

Légumes

- ❑ Ail
- ❑ Asperge
- ❑ Aubergine
- ❑ Betterave
- ❑ Brocoli
- ❑ Carotte
- ❑ Céleri
- ❑ Champignon
- ❑ Chou
- ❑ Chou-fleur
- ❑ Concombre
- ❑ Courge
- ❑ Courgette
- ❑ Échalote
- ❑ Endive
- ❑ Épinard
- ❑ Haricot
- ❑ Oignon
- ❑ Petit-pois
- ❑ Poireau
- ❑ Poivron
- ❑ Pomme de terre
- ❑ Salade
- ❑ Tomate
- ❑ ....
- ❑ ....
- ❑ ....
- ❑ ....
- ❑ ....
- ❑ ....
- ❑ ....

Fruits

- ❑ Abricot
- ❑ Banane
- ❑ Cerise
- ❑ Citron
- ❑ Fraise
- ❑ Kiwi
- ❑ Orange
- ❑ Clémentine
- ❑ Melon
- ❑ Pamplemousse
- ❑ Pêche
- ❑ Pomme
- ❑ Poire
- ❑ Prune
- ❑ ....
- ❑ ....
- ❑ ....
- ❑ ....

Viandes/poissons

- ❑ Bœuf
- ❑ Porc
- ❑ Volaille
- ❑ Poisson
- ❑ Crevettes
- ❑ ....
- ❑ ....
- ❑ ....
- ❑ ....
- ❑ ....

Crèmerie

- ❑ Beurre
- ❑ Crème fraîche
- ❑ Fromage
- ❑ Fromage râpé
- ❑ Lait
- ❑ Œufs
- ❑ ....
- ❑ ....
- ❑ ....

Desserts

- ❑ Compote
- ❑ Crème dessert
- ❑ Fromage blanc
- ❑ Yaourt
- ❑ ....
- ❑ ....
- ❑ ....
- ❑ ....

Apéritif

- ❑ Biscuits apéritifs
- ❑ Chips
- ❑ Saucisson
- ❑ ....
- ❑ ....
- ❑ ....
- ❑ ....
- ❑ ....

Petit déj et goûter

- ❑ Biscotte
- ❑ Biscuit
- ❑ Brioche
- ❑ Cacao
- ❑ Café
- ❑ Céréales
- ❑ Chocolat
- ❑ Confiture
- ❑ Miel
- ❑ Muesli
- ❑ Pain de mie
- ❑ Pâte à tartiner
- ❑ Thé
- ❑ ....
- ❑ ....

Bébé

- ❑ Lait
- ❑ Biscuits
- ❑ Petits pots
- ❑ Compotes
- ❑ Couches
- ❑ Eau minérale
- ❑ ....
- ❑ ....

- ❑ ....
- ❑ ....
- ❑ ....
- ❑ ....

Mes dépenses

du .... *au* ....

1 *Semaine du* .... *au*	
ENSEIGNE	MONTANT
TOTAL	

2 *Semaine du* .... *au*	
ENSEIGNE	MONTANT
TOTAL	

3 *Semaine du* .... *au* ....

ENSEIGNE	MONTANT
TOTAL	

4 *Semaine du* .... *au* ....

ENSEIGNE	MONTANT
TOTAL	

MES recettes

Brochettes de poulet tandoori et patates douces

POUR 4 PERSONNES

- **2 escalopes de poulet en dés**
- **1 yaourt grec**
- **Le jus d'1 citron vert**
- **2 c. à café d'épices tandoori**
- **2 patates douces épluchées, coupées en deux**
- **Huile d'olive**

Préchauffez le four à 200 °C. Mélangez le poulet, le yaourt, le jus du citron et les épices dans un saladier. Salez, poivrez et laissez mariner 20 min au frais.

Pendant ce temps, faites cuire les patates douces pendant 15 à 20 min dans de l'eau bouillante salée. Égouttez-les et coupez-les en dés.

Enfilez les dés de poulet mariné et les dés de patates douces sur des piques à brochette en les alternant. Arrosez d'un filet d'huile et enfournez sur une plaque pour 20 min.

Wraps au poulet façon salade Caesar

POUR 4 PERSONNES

- **12 aiguillettes de poulet**
- **1 salade romaine émincée**
- **4 tortillas de blé ou de maïs**
- **4 c. à soupe de sauce Caesar**
- **40 g de parmesan en copeaux**
- **Huile neutre**

Dans une poêle chauffée avec un filet d'huile, faites cuire les aiguillettes de poulet 10 min. Salez et poivrez.

Répartissez la salade sur les tortillas, nappez de sauce Caesar, puis placez les copeaux de parmesan et le poulet.

Refermez les wraps en repliant le bas sur la garniture, puis les deux côtés vers le centre.

Ramen au poulet, champignons et œuf mollet

POUR 4 PERSONNES

- **2 œufs**
- **2 filets de poulet émincés**
- **150 g de shiitakés émincés**
- **4 c. à soupe de sauce soja salée**
- **120 g de nouilles à ramen**
- **Huile neutre**

Faites cuire les œufs 5 min dans une casserole d'eau bouillante. Écalez-les.

Dans une casserole, faites dorer le poulet avec un filet d'huile. Ajoutez les champignons et poursuivez la cuisson 2 ou 3 min à feu moyen.

Versez 50 cl d'eau et la sauce soja. Portez à ébullition, ajoutez les nouilles et poursuivez la cuisson le temps indiqué sur l'emballage. Servez dans des bols en ajoutant 1 œuf mollet coupé en deux.

Poulet rôti au miel et à l'orange

POUR 4 PERSONNES

- **400 g de patates douces épluchées, en cube**
- **2 carottes en rondelles**
- **2 oranges (1 en jus + 1 en rondelles)**
- **3 c. à soupe de miel liquide**
- **4 cuisses de poulet**
- **Huile d'olive**

Préchauffez le four à 200 °C. Placez les légumes et les rondelles de l'orange dans un grand sac congélation, ajoutez 1 c. à soupe de miel et 2 c. à soupe d'huile, secouez pour bien enrober. Répartissez dans le fond d'un plat allant au four.

Mélangez le reste de miel avec le jus de l'orange, ajoutez un peu de sel et de poivre. Badigeonnez-en au pinceau les cuisses de poulet, puis déposez-les dans le plat et versez le reste du jus. Enfournez pour 45 min.

Keftas de bœuf à la menthe

POUR 4 PERSONNES

- 350 g de bœuf haché
- 1 œuf
- 2 gousses d'ail hachées
- 1 pincée de cumin
- ½ botte de menthe ciselée

Préchauffez le four à 200 °C. Dans un saladier, mélangez le bœuf haché avec l'œuf, l'ail, le cumin et la menthe. Salez et poivrez.

Formez des boulettes allongées, puis enfilez-les sur des piques à brochette.

Enfournez pour 15 min sur une plaque couverte de papier cuisson en retournant les brochettes à mi-cuisson.

Astuce

Servez accompagné de semoule et de menthe ciselée. Vous pouvez accommoder les keftas d'une sauce au yaourt, citron et huile d'olive.

Spaghettis à la bolognaise

POUR 4 PERSONNES

- 350 g de bœuf haché
- 1 carotte en petits dés
- 420 g de sauce tomate
- 250 g de spaghettis
- 75 g de parmesan en copeaux
- Basilic
- Huile d'olive

Dans une cocotte chauffée avec un filet d'huile d'olive, faites cuire le bœuf haché et la carotte 5 min.

Ajoutez la sauce tomate, salez et poivrez, puis laissez mijoter encore 5 min à feu doux.

Faites cuire les pâtes selon les indications du paquet, puis égouttez-les. Servez-les avec la sauce, les copeaux de parmesan et du basilic ciselé.

Chili con carne express

POUR 4 PERSONNES

- 350 g de bœuf haché
- 420 g de sauce tomate
- 500 g de haricots rouges en conserve égouttés
- 140 g de maïs en conserve égoutté
- ½ botte de coriandre ciselée
- Huile neutre

Faites chauffer un filet d'huile dans une cocotte et faites-y cuire le bœuf haché 5 min.

Ajoutez la sauce tomate, les haricots rouges et le maïs. Salez et poivrez, puis laissez mijoter encore 5 min à feu doux. Servez avec la coriandre ciselée.

Poivrons farcis au bœuf et à la feta

POUR 4 PERSONNES

- 4 poivrons
- 600 g de bœuf haché
- 1 œuf
- 50 g de chapelure
- 200 g de feta émiettée
- Huile d'olive

Préchauffez le four à 180 °C. Coupez le haut des poivrons, puis retirez leurs pépins.

Dans un saladier, mélangez la viande hachée, l'œuf, la chapelure et la feta. Salez, poivrez.

Remplissez les poivrons de la farce, disposez-les dans un plat à gratin, puis arrosez d'un filet d'huile d'olive. Enfournez pour 20 min.

Quiche aux endives et jambon

POUR 4 PERSONNES

- 1 pâte feuilletée
- 3 endives
- 2 tranches de jambon en dés
- 20 cl de crème liquide
- 3 œufs
- Huile d'olive

Préchauffez le four à 180 °C. Étalez la pâte feuilletée dans un moule à tarte (Ø 25 cm), puis piquez le fond à la fourchette.

Coupez les endives en quatre, puis faites-les dorer 5 min dans une poêle avec un peu d'huile d'olive. Disposez-les en étoile sur la pâte. Répartissez le jambon.

Dans un bol, battez la crème et les œufs. Salez et poivrez. Versez la préparation sur les endives et le jambon, puis enfournez pour 25 min.

Omelette complète

POUR 4 PERSONNES

- 600 g de pommes de terre épluchées, en dés
- 150 g de lardons fumés
- 150 g de champignons
- 8 œufs
- 80 g de fromage râpé

Faites cuire les pommes de terre 20 min dans de l'eau bouillante salée.

Dans une grande sauteuse, faites revenir les lardons 3 ou 4 min sans matière grasse. Ajoutez les pommes de terre et les champignons, puis faites dorer à feu moyen-vif.

Battez les œufs en omelette, ajoutez le fromage, du sel et du poivre. Versez dans la sauteuse et faites cuire 15 min à feu doux.

Astuce

Vous pouvez remplacer les champignons par un demi-poivron émincé.

Riz cantonais

POUR 4 PERSONNES

- **250 g de riz thaï**
- **4 œufs**
- **150 g de petits pois surgelés**
- **150 g d'allumettes de jambon**
- **3 c. à soupe de sauce soja**
- **Huile neutre**

Faites cuire le riz 10 min à l'eau bouillante salée, puis égouttez-le.

Pendant ce temps, battez les œufs, puis faites-les cuire en omelette 5 min dans une poêle huilée bien chaude. Coupez l'omelette en fines lanières.

Dans la même poêle, faites revenir le riz avec les petits pois, les lamelles d'omelette, les allumettes de jambon et la sauce soja pendant 5 min. Salez et poivrez.

Tarte rustique potimarron, coppa et chèvre

POUR 4 PERSONNES

- **1 petit potimarron en dés**
- **1 pâte feuilletée**
- **8 tranches de coppa en lanières**
- **1 jaune d'œuf**
- **80 g de chèvre frais émietté**

Préchauffez le four à 190 °C. Faites précuire le potimarron 12 min à l'eau bouillante salée, puis égouttez.

Déroulez la pâte feuilletée sur une plaque recouverte de papier cuisson. Répartissez le potimarron ainsi que la coppa. Salez et poivrez. Repliez les bords de la pâte sur la garniture.

Badigeonnez les bords de jaune d'œuf et enfournez pour 25 min. Avant de servir, parsemez de chèvre frais.

Riz à la mexicaine

POUR 4 PERSONNES

- **250 g de riz long**
- **1 poivron rouge en dés**
- **250 g de haricots rouges en boîte égouttés**
- **140 g de maïs en boîte**
- **½ botte de coriandre ciselée**

Faites cuire le riz 10 min à l'eau bouillante salée. Égouttez-le.

Dans une poêle bien chaude, faites revenir le poivron 5 min dans un filet d'huile.

Ajoutez ensuite le riz, les haricots rouges et le maïs. Salez, poivrez et faites cuire 5 min. Servez parsemé de coriandre.

Astuce

N'hésitez pas à épicer à votre goût, par exemple avec de la sauce chili, du Tabasco®...

Tomates farcies fastoches

POUR 4 PERSONNES

- **8 tomates à farcir**
- **300 g de bœuf haché**
- **300 g de chair à saucisse**
- **1 petit bouquet de persil haché**
- **200 g de riz**
- **Huile d'olive**

Préchauffez le four à 180 °C. Découpez les tomates pour séparer les « chapeaux » de la partie à farcir. Videz délicatement la chair sans percer les tomates. Hachez la pulpe et réservez-la.

Mélangez les viandes avec la moitié du persil, poivrez, puis garnissez les tomates avec la farce. Placez-les dans un plat huilé et enfournez pour 45 à 50 min.

Dans une casserole, faites revenir le riz dans 2 c. à soupe d'huile d'olive quelques minutes à feu vif. Ajoutez la pulpe de tomate hachée, mélangez et couvrez de 65 cl d'eau salée. Faites cuire à couvert et à feu moyen 10 à 12 min. Incorporez le reste de persil et servez avec les tomates.

Tartiflette

POUR 4 PERSONNES

- **800 g de pommes de terre épluchées, en dés**
- **200 g de lardons**
- **1 oignon émincé**
- **1 pincée de muscade**
- **1 reblochon en tranches (450 g)**
- **Huile d'olive**

Préchauffez le four à 180 °C. Faites cuire les pommes de terre 15 min dans de l'eau bouillante salée.

Pendant ce temps, dans une poêle, faites revenir les lardons, puis l'oignon pendant 5 min.

Déposez les dés de pommes de terre dans un plat à gratin, ajoutez les lardons, l'oignon et la muscade. Recouvrez des tranches de reblochon, puis enfournez pour 20 min.

Hachis Parmentier au potiron

POUR 4 PERSONNES

- **1 kg de potiron en cubes**
- **10 cl de lait**
- **1 oignon émincé**
- **500 g de bœuf haché**
- **100 g de gruyère râpé**
- **Huile d'olive**

Préchauffez le four à 180 °C. Faites cuire le potiron dans une grande casserole d'eau salée environ 20 min dès ébullition, la chair doit être bien tendre. Égouttez-le et réduisez-le en purée en ajoutant le lait, du sel et du poivre.

Faites revenir l'oignon dans une poêle avec un peu d'huile, puis ajoutez la viande hachée. Salez, poivrez et faites cuire jusqu'à coloration.

Répartissez la viande dans le fond d'un plat à gratin, puis la purée, et parsemez de fromage. Enfournez pour 20 min environ pour faire gratiner.

Grilled cheese thon, cheddar et épinards

POUR 4 PERSONNES

- **1 boîte de thon émietté**
- **8 belles tranches de pain**
- **1 poignée de pousses d'épinards**
- **80 g de cheddar râpé**
- **30 g de beurre**

Répartissez le thon sur 4 tranches de pain. Surmontez d'épinards et de cheddar, puis recouvrez avec les tranches de pain restantes.

Dans une poêle, faites fondre le beurre, puis faites dorer les sandwichs quelques minutes de chaque côté en appuyant bien dessus pour les écraser (à l'aide d'un plat ou d'une petite casserole).

Cabillaud à l'italienne

POUR 4 PERSONNES

- **4 anchois**
- **20 cl de vin blanc**
- **500 g de tomates cerises multicolores**
- **80 g d'olives vertes**
- **4 pavés de cabillaud**
- **Huile d'olive**

Dans une casserole, faites chauffer 1 c. à soupe d'huile d'olive, ajoutez les anchois et écrasez-les pour les réduire en une pâte épaisse. Ajoutez le vin, les tomates et les olives. Mélangez bien, poivrez et laissez mijoter 10 min.

Ajoutez le poisson et laissez mijoter 10 min à feu doux et à couvert.

Astuce

Servez avec des pâtes fraîches ou de la polenta pour un plat complet.

One pot pasta au saumon, courgette et ricotta

POUR 4 PERSONNES

- **2 pavés de saumon en gros dés**
- **1 courgette en rondelles**
- **250 g de pâtes courtes (farfalle, torsades...)**
- **150 g de ricotta**
- **1 pincée de piment d'Espelette**
- **Huile d'olive**

Dans une casserole, faites revenir le saumon et la courgette 3 ou 4 min avec un filet d'huile.

Ajoutez les pâtes, versez 60 cl d'eau et couvrez. Laissez cuire environ 10 min à feu doux en remuant régulièrement jusqu'à totale absorption de l'eau. Salez, poivrez, ajoutez la ricotta et mélangez.

Servez saupoudré de piment d'Espelette.

Pizza blanche mozzarella, thon et oignon

POUR 4 PERSONNES

- **1 pâte à pizza**
- **1 c. à soupe de fromage blanc**
- **1 oignon rouge émincé**
- **1 boule de mozzarella en tranches**
- **1 boîte de thon émietté**

Préchauffez le four à 190 °C. Déroulez la pâte sur une plaque. Piquez le fond à la fourchette, puis tartinez de fromage blanc. Salez, poivrez.

Répartissez l'oignon et le thon sur la pâte, puis la mozzarella par-dessus. Enfournez pour 25 min.

Lasagnes au thon et aux épinards

POUR 4 PERSONNES

- **2 boîtes de thon émietté**
- **150 g de ricotta**
- **90 g de pousses d'épinards**
- **6 feuilles de lasagne fraîches**
- **90 g de parmesan râpé**
- **Huile d'olive**

Préchauffez le four à 180 °C. Dans un bol, mélangez le thon avec la ricotta.

Dans un plat à gratin, alternez les couches de thon à la ricotta, d'épinards et de feuilles de lasagne.

Parsemez de parmesan et enfournez pour 30 min.

Salade de pommes de terre tièdes à la grecque

POUR 4 PERSONNES

- **800 g de pommes de terre en dés**
- **12 olives noires à la grecque**
- **2 tomates en dés**
- **200 g de feta émiettée**
- **125 g de filets de thon à l'huile**
- **Vinaigrette**

Faites cuire les pommes de terre 15 min dans de l'eau bouillante.

Dans un saladier, mélangez tous les ingrédients, salez et poivrez. Assaisonnez de vinaigrette.

Soupe de lentilles et patates douces au lait de coco

POUR 4 PERSONNES

- **400 g de patates douces en dés**
- **200 g de lentilles corail**
- **1 cube de bouillon de légumes**
- **20 cl de lait de coco**
- **½ botte de coriandre ciselée**

Dans une casserole, placez les dés de patates douces, les lentilles corail et le cube de bouillon. Recouvrez d'eau, puis faites mijoter 20 min.

Mixez le tout, puis ajoutez le lait de coco. Mélangez.

Assaisonnez selon votre goût et servez avec la coriandre.

Minestrone au pesto

POUR 4 PERSONNES

- **200 g de pâtes courtes (ditalini, coudes rayés...)**
- **1 carotte en petits dés**
- **100 g de haricots verts en tronçons**
- **200 g de haricots blancs cuits et égouttés**
- **2 c. à soupe de pesto vert**

Dans une casserole, faites bouillir 1 l d'eau. Ajoutez les pâtes, la carotte, les haricots verts, puis faites cuire 12 min.

Ajoutez les haricots blancs 2 min avant la fin de la cuisson et mélangez. Servez la soupe avec le pesto.

Dahl au potiron

POUR 4 PERSONNES

- **2 oignons émincés**
- **1 c. à soupe de curcuma**
- **450 g de potiron en cubes**
- **150 g de lentilles corail**
- **25 cl de lait de coco**
- **Huile d'olive**

Dans une cocotte chauffée avec un filet d'huile d'olive, faites revenir les oignons avec le curcuma.

Ajoutez le potiron, les lentilles corail, le lait de coco et couvrez d'eau à hauteur. Portez à ébullition, couvrez et laissez mijoter 30 min à feu doux en mélangeant de temps en temps. Salez et poivrez.

Astuce

Servez avec du riz ou accompagné de naans.

Pâtes au pesto d'épinards

POUR 4 PERSONNES

- **250 g de linguine**
- **100 g de pousses d'épinards**
- **50 g de parmesan râpé**
- **60 g d'amandes en poudre**
- **1 gousse d'ail épluchée**
- **Huile d'olive**

Faites cuire les pâtes à l'eau bouillante salée selon les indications du paquet. Égouttez.

Mixez les épinards, le parmesan, les amandes en poudre et l'ail. Ajoutez 15 cl d'huile jusqu'à obtenir une texture homogène. Salez et poivrez.

Mélangez les pâtes avec le pesto et servez.

Chakchouka

POUR 4 PERSONNES

- **1 oignon émincé**
- **2 poivrons rouges finement émincés**
- **400 g de tomates concassées en boîte**
- **1 c. à café de paprika ou de piment en poudre**
- **4 œufs**
- **Huile d'olive**

Dans une grande sauteuse, faites revenir l'oignon 2 ou 3 min avec un filet d'huile. Ajoutez les poivrons et poursuivez la cuisson 5 min.

Ajoutez les tomates, le paprika ou le piment, du sel et du poivre. Portez à petits bouillons, baissez le feu et laissez frémir au moins 5 min.

Faites 4 creux dans la préparation et cassez-y les œufs. Poursuivez la cuisson jusqu'à ce que les blancs soient pris.

Astuce

Vous pouvez parsemer de persil au moment de servir.

Patates douces gratinées au fromage

POUR 4 PERSONNES

- **2 patates douces (de 400 g chacune) coupées en deux**
- **2 c. à soupe de crème fraîche**
- **100 g de fourme d'Ambert fraîche**
- **1 pincée de muscade**
- **Huile d'olive**

Préchauffez le four à 190 °C. Faites des croisillons sur la face coupée des patates. Déposez-les sur une plaque de cuisson, arrosez d'un filet d'huile et enfournez pour 25 min.

Sortez les patates douces, puis recouvrez-les de crème, parsemez de fourme d'Ambert et de muscade, salez et poivrez. Enfournez de nouveau pour 10 min.

Astuce

Servez avec une salade d'endives.

Salade de lentilles aux patates douces, chèvre et grenade

POUR 4 PERSONNES

- **200 g de lentilles**
- **2 patates douces épluchées, en dés**
- **100 g de chèvre frais**
- **70 g de pousses d'épinards**
- **Les grains de ½ grenade**
- **Vinaigrette**

Dans une casserole, faites cuire les lentilles 20 min dans de l'eau bouillante, puis égouttez-les et laissez-les refroidir.

Dans une autre casserole, faites cuire les patates douces 15 min dans de l'eau bouillante salée, égouttez-les et laissez-les refroidir.

Mélangez tous les ingrédients et servez assaisonné de vinaigrette.

Tarte fine chèvre-tomate

POUR 4 PERSONNES

- **5 feuilles de brick**
- **100 g de chèvre frais type Chavroux®**
- **1 bouquet de basilic haché**
- **300 g de tomates cerises multicolores coupées en deux**
- **Huile d'olive**

Préchauffez le four à 190 °C. Empilez les feuilles de brick en les badigeonnant d'huile d'olive entre chaque épaisseur. Foncez un moule à tarte avec les bricks assemblées.

Dans un bol, mélangez le chèvre frais avec la moitié du basilic et 1 pincée de poivre. Étalez la préparation dans le fond de tarte, puis répartissez les tomates par-dessus.

Enfournez pour 30 min. À la sortie du four, répartissez le reste de basilic.

CRÉDITS DES RECETTES : © LAROUSSE

Delphine Lebrun : 177g, 179, 180, 181g, 182, 183g, 184g, 185g, 186, 187, 188, 189d, 190d, 191g ;
Amandine Bernardi : 177d, 178, 181d, 184d, 189g, 190g ;
Séverine Augé : 183d, 185d, 191d.

CRÉDITS DES PHOTOGRAPHIES : © LAROUSSE

Sophie Dumont : 177, 178d, 179, 180, 182g, 183g, 184g, 187d, 188g, 190d, 191g ;
Fabrice Veigas : 178g, 181, 182d, 185g, 186, 187g, 188d, 189d, 190g ;
Delphine Constantini : 183d, 185d, 191d ;
Sabine Alphonsine : 184d, 189g.

CRÉDITS DES ILLUSTRATIONS

© Shutterstock

Direction de la publication : Isabelle Jeuge-Maynart et Ghislaine Stora

Direction éditoriale : Émilie Franc et Julie Martin

Direction artistique : Géraldine Lamy

Édition : Marion Dellapina

Couverture : Claire Simonet

Maquette intérieure : Camille de Montmorillon

Fabrication : Donia Faiz et Marina Dartigues

Les Éditions Larousse utilisent des papiers composés de fibres naturelles, renouvelables, recyclables et fabriquées à partir de bois issus de forêts qui adoptent un système d'aménagement durable. En outre, les Éditions Larousse attendent de leurs fournisseurs de papier qu'ils s'inscrivent dans une démarche de certification environnementale reconnue.

ISBN : 978-2-03-605435-6

Photogravure Nord Compo

Imprimé en Slovaquie par POLYGRAF

Dépôt légal : janvier 2024

334134/01 – 11053173 – octobre 2023

PAPIER À BASE DE FIBRES CERTIFIÉES

LAROUSSE s'engage pour l'environnement en réduisant l'empreinte carbone de ses livres. Celle de cet exemplaire est de : 1,3 kg éq. CO_2 Rendez-vous sur www.larousse-durable.fr